Pour A. thur Drolet,

le malaise

dans la culture,

[signature]

COLLECTION
FOLIO/ESSAIS

Alain Finkielkraut

La défaite
de la pensée

Gallimard

à Elisabeth
à Béatrice

À l'ombre d'un grand mot

Dans une séquence du film de Jean-Luc Godard *Vivre sa vie,* Brice Parain, qui joue le rôle du philosophe, oppose la vie quotidienne à *la vie avec la pensée,* qu'il appelle aussi vie supérieure.

Fondatrice de l'Occident, cette hiérarchie a toujours été fragile et contestée. Mais c'est depuis peu que ses adversaires se réclament de la culture, tout comme ses partisans. Le terme de culture, en effet, a aujourd'hui deux significations. La première affirme l'éminence de la vie avec la pensée; la seconde la récuse: des gestes élémentaires aux grandes créations de l'esprit, tout n'est-il pas culturel? Pourquoi alors privilégier celles-ci au détriment de ceux-là, et la vie avec la pensée plutôt que l'art du tricot, la mastication du bétel ou l'habitude ancestrale de tremper une tartine grassement beurrée dans le café au lait du matin?

Malaise dans la culture. Certes, nul désormais ne sort son revolver quand il entend ce mot. Mais ils

11

sont de plus en plus nombreux ceux qui, lorsqu'ils entendent le mot « pensée », sortent leur culture. Le livre que voici est le récit de leur ascension, et de leur triomphe.

PREMIÈRE PARTIE

L'ENRACINEMENT DE L'ESPRIT

LE VOLKSGEIST

En 1926, Julien Benda publie *La trahison des clercs*. Son sujet : « le cataclysme des notions morales chez ceux qui éduquent le monde [1] ». Benda s'inquiète de l'enthousiasme que l'Europe pensante professe depuis quelque temps pour les profondeurs mystérieuses de l'âme collective. Il dénonce l'allégresse avec laquelle les desservants de l'activité intellectuelle, à l'encontre de leur vocation millénaire, flétrissent le sentiment de l'universel et glorifient les particularismes. Avec une stupeur indignée, il constate que les clercs de son temps abandonnent le souci des valeurs immuables, pour mettre tout leur talent et tout leur prestige au service de l'esprit local, pour attiser les exclusivismes, pour exhorter leur nation à s'étreindre, à s'adorer elle-même, et à se poser « contre les autres, dans sa langue, dans son art, dans sa philosophie, dans sa civilisation, dans sa " culture " [2] ».

1. *La trahison des clercs,* J.-J. Pauvert, 1965, p. 52.
2. *Ibid.,* p. 22.

Cette transmutation de *la* culture en *ma* culture est pour Benda la marque de l'âge moderne, sa contribution irremplaçable et fatidique à l'histoire morale de l'humanité. La culture : le domaine où se déroule l'activité spirituelle et créatrice de l'homme. Ma culture : l'esprit du peuple auquel j'appartiens et qui imprègne à la fois ma pensée la plus haute et les gestes les plus simples de mon existence quotidienne. Cette seconde signification de la culture est, comme Benda l'indique lui-même, un legs du romantisme allemand. Le concept de *Volksgeist,* c'est-à-dire de génie national, fait son apparition en 1774, dans le livre de Herder *Une autre philosophie de l'histoire.* Radicalisant la thèse énoncée par Montesquieu dans *L'esprit des lois* – « Plusieurs choses gouvernent les hommes : le climat, la religion, les lois, les maximes du gouvernement, les exemples des choses passées, les mœurs, les manières : d'où il se forme un esprit général qui en résulte » –, Herder affirme que toutes les nations de la terre – les plus huppées comme les plus humbles – ont un mode d'être unique et irremplaçable. Mais tandis que Montesquieu maintenait soigneusement la distinction entre lois positives et principes universels de l'équité, rien, selon Herder, ne transcende la pluralité des âmes collectives : toutes les valeurs supranationales, qu'elles soient juridiques, esthétiques ou morales, sont déchues de leur souveraineté.

N.B.

Volk = peuple
geist = esprit

16

Décontextualiser les œuvres humaines, les extraire du lieu où elles ont été produites, et les juger ensuite selon les critères intemporels du Bien, du Vrai ou du Beau – Herder veut mettre fin à cette erreur séculaire de l'intelligence. Au lieu de soumettre les faits à des normes idéales, il montre que ces normes elles-mêmes ont une genèse et un contexte, bref qu'elles ne sont rien d'autre que des faits. Il renvoie le Bien, le Vrai et le Beau à leur origine locale, déloge les catégories éternelles du ciel où elles se prélassaient pour les ramener sur le petit morceau de terre où elles ont pris naissance. Il n'y a pas d'absolu, proclame Herder, il n'y a que des valeurs régionales et des principes advenus. Loin que l'homme soit de tous les temps et de tous les pays, à chaque période historique et à chaque nation de la terre, correspond un type spécifique d'humanité. Socrate : un Athénien du Ve siècle avant Jésus-Christ. La Bible : une expression poétique – originale et conjoncturelle – de l'âme hébraïque. Tout ce qui est divin est humain, et tout ce qui est humain, même le *logos,* appartient à l'histoire.

Contre les Anciens qui ne concédaient à la succession des événements aucune signification valable, Herder parie sur l'intelligibilité du temps. Mais à la différence des Modernes qui partent à la conquête du monde historique armés de normes universelles, il réintègre dans la durée tout ce qu'on

17

avait cru identique ou invariable chez l'homme. L'image classique d'un cycle éternel de violences et de crimes lui est aussi étrangère que l'idée introduite par Voltaire d'une victoire progressive de la raison sur la coutume ou les préjugés. On ne peut pas, selon Herder, dissocier l'histoire et la raison à la façon des moralistes qui dénoncent, avec une indignation monotone, la férocité ou la folie des humains. On ne peut pas non plus rationaliser le devenir, comme les philosophes du siècle qui tablent sur le progrès des lumières, c'est-à-dire sur le mouvement patient, continu et linéaire de la civilisation. Ce n'est pas l'histoire qui est raisonnable ou même rationnelle, c'est la raison qui est historique : les formes que l'humanité ne cesse d'engendrer possèdent chacune son existence autonome, sa nécessité immanente, sa raison singulière.

Cette philosophie de l'histoire réclame une méthode inverse de celle que préconisait Voltaire : au lieu de plier l'infinie plasticité humaine à une faculté prétendument identique ou à une mesure uniforme; au lieu de « déraciner telle vertu égyptienne singulière de sa terre, de son temps et de l'enfance de l'esprit humain pour en exprimer la valeur dans les mesures d'un autre temps » — on devait comparer ce qui était comparable : une vertu égyptienne à un temple égyptien; Socrate à ses compatriotes et aux hommes de son temps plutôt qu'à Spinoza ou à Kant.

18

Et, selon Herder, l'aveuglement de Voltaire reflète l'arrogance de sa nation. S'il pense faux, s'il unifie à tort la multiplicité des situations historiques, c'est parce qu'il est imbu de la supériorité de son pays (la France) et de son temps (le siècle des Lumières). En jugeant l'histoire à l'aune de ce qu'il appelle la raison, il commet un péché d'orgueil : il enfle aux dimensions de l'éternité une façon de penser particulière et provisoire. Le même esprit de conquête est à l'œuvre dans sa volonté de « dominer l'océan de tous les peuples, de tous les temps et de tous les lieux » et dans la disposition du rationalisme français à se répandre hors de ses limites nationales et à subjuguer le reste du monde. Il applique aux événements ayant déjà eu lieu le même carcan intellectuel que la France aux autres nations européennes et notamment à l'Allemagne. Au fond, il poursuit dans le passé l'œuvre d'*assimilation forcée* que les Lumières sont en train de réaliser dans l'espace. Et Herder veut d'un même souffle corriger une erreur et combattre un impérialisme, délivrer l'histoire du principe d'identité et rendre à chaque nation la fierté de son être incomparable. S'il met tant de fougue à constituer les principes transcendants en objets historiques, c'est pour leur faire perdre, une fois pour toutes, le pouvoir d'intimidation qu'ils tirent de leur position suréminente. Personne n'étant prophète *hors* de son pays, les peuples n'ont désormais de comptes à rendre qu'à

19

transir : affecter gravement

eux-mêmes. Rien, nul idéal immuable et valable pour tous, indépendant de son lieu d'apparition et supérieur aux circonstances, ne doit transir leur individualité ou les détourner du génie dont ils sont porteurs : « Suivons notre propre chemin... Laissons les hommes dire du bien ou du mal de notre nation, de notre littérature, de notre langue : ils sont nôtres, ils sont nous-mêmes, cela suffit [1]. »

Depuis toujours, ou pour être plus précis depuis Platon jusqu'à Voltaire, la diversité humaine avait comparu devant le tribunal des valeurs; Herder vint et fit condamner par le tribunal de la diversité toutes les valeurs universelles.

En 1774, Herder est un franc-tireur et la pensée des Lumières jouit – notamment dans la Prusse de Frédéric II – d'un prestige considérable. Il faudra la déroute d'Iéna et l'occupation napoléonienne pour que l'idée de *Volksgeist* prenne son véritable essor. L'Allemagne – émiettée en une multitude de principautés – retrouve le sens de son unité face à la France conquérante. L'exaltation de l'identité collective compense la défaite militaire et l'avilissante sujétion qui en est le prix. La nation se dédommage de l'humiliation qu'elle est en train de subir par la découverte émerveillée de sa culture. Pour oublier l'impuissance, on s'adonne à la teutomanie. Les

N.B.

---

1. Herder, cité in Isaiah Berlin, *Vico and Herder*, Chatto & Windus, Londres, 1976, p. 182.

valeurs universelles dont la France se réclame afin de justifier son hégémonie sont récusées au nom de la spécificité allemande, et ce sont les poètes et les juristes qui ont pour mission d'attester cette germanité ancestrale. Aux juristes il revient de célébrer les solutions traditionnelles, les coutumes, les maximes et les dictons qui forment la base du droit allemand, œuvre collective, fruit de l'action involontaire et silencieuse de l'esprit de la nation. Aux poètes il incombe de défendre ce génie national contre l'insinuation des idées étrangères; de nettoyer la langue en remplaçant les mots allemands d'origine latine par d'autres purement germaniques; d'exhumer le trésor enfoui des chansons populaires, et, dans leur pratique même, de prendre exemple sur le folklore, état de fraîcheur, d'innocence et de perfection où l'individualité du peuple est encore indemne de tout contact et s'exprime à l'unisson.

Les philosophes des Lumières se définissaient eux-mêmes comme « les législateurs paisibles de la raison [1] ». Maîtres de vérité et de justice, ils opposaient au despotisme et aux abus l'équité d'une loi idéale. Avec le romantisme allemand, tout se renverse : dépositaires privilégiés du *Volksgeist*, juristes et écrivains combattent en premier lieu les idées de

1. Chamfort, cité in Paul Bénichou, *Le sacre de l'écrivain*, Corti, 1973, p. 30.

21

raison universelle ou de loi idéale. Sous le nom de culture, il ne s'agit plus pour eux de faire reculer le préjugé et l'ignorance, mais d'exprimer, dans sa singularité irréductible, l'âme unique du peuple dont ils sont les gardiens.

L'HUMANITÉ SE DÉCLINE AU PLURIEL

Au même moment, la France se relève du traumatisme de la Révolution, et les penseurs traditionalistes accusent les jacobins d'avoir profané par des théories abstraites le génie national.

Sans doute est-ce au cri de « Vive la nation! » que les révolutionnaires ont détruit l'Ancien Régime, mais ce qui caractérisait ce nouveau sujet collectif, ce n'était pas l'originalité de son âme, c'était l'égalité régnant entre ses membres. Voyez Sieyès : « La nation est un corps d'associés vivant sous une loi commune et représentés par la même législature [1]. » *Associés* : ce seul vocable effaçait un passé millénaire et, au nom de la nation, donnait brutalement congé à l'histoire nationale. La division en ordres était abolie : il n'y avait plus ni nobles, ni prêtres, ni

1. *Qu'est-ce que le Tiers-État ?*, P.U.F., coll. Quadrige, 1982, p. 31.

22

juges, ni roturiers, ni paysans, en principe mais des hommes ?
bénéficiant des mêmes droits et soumis aux mêmes
devoirs. D'un mot, Sieyès proclamait la fin du
système héréditaire : à se prévaloir de ses ancêtres
pour revendiquer un droit spécial accordé à sa
mentalité particulière, on s'excluait du corps de la
nation. On ne s'y intégrait pas pour autant en se
moulant dans la mentalité commune. Disant « Vive
la nation! », les révolutionnaires n'opposaient pas
les Français de souche aux nobles de race ou la
toute neuve qualité nationale aux autres qualités
concrètes qui servaient traditionnellement à classer
et à distinguer les êtres. Ce n'est pas pour ficher les
hommes sur leur terre natale qu'ils les séparaient
d'abord de leurs titres, de leurs fonctions ou de
leurs lignées et qu'ils prononçaient la dissolution
des supériorités natives. Ce n'est pas pour les doter
d'un esprit particulier qu'ils disjoignaient leur existence de celle de leur caste ou de leur corporation.
Toutes les déterminations empiriques se trouvaient
mises hors jeu, ethnie comprise.

Prenant à contre-pied sa propre étymologie (nas-
cor, en latin, veut dire « naître »), la nation révolutionnaire déracinait les individus et les définissait
par leur humanité plutôt que par leur naissance. Il
ne s'agissait pas de restituer une identité collective à
des êtres sans coordonnées ni repères; il s'agissait,
au contraire, en les délivrant de toute appartenance
définitive, d'affirmer radicalement leur autonomie.

23

l'individu est défini par son humanité
et non par sa naissance.

Libérés de leurs attaches et de leur ascendance, les individus l'étaient aussi de l'autorité transcendante qui jusqu'alors régnait sur eux. Ni Dieu ni père, ils ne dépendaient pas plus du ciel que de l'hérédité. Associés et non assujettis, ils étaient, dit Sieyès, *représentés* par la même législature. Le pouvoir même qu'ils subissaient trouvait sa source et sa légitimité dans leur décision de vivre ensemble et de se donner des institutions communes. Un pacte en adjugeait l'exercice, en fixait les limites et en définissait la nature. Bref, le gouvernement était un bien qui appartenait au corps de la nation et dont les princes n'étaient jamais que « les usufruitiers, les ministres ou les dépositaires ». Si tel monarque faisait mauvais usage de l'autorité politique qui lui était déférée par contrat, s'il traitait ce bien public en bien privé, la nation, comme l'indiquait déjà Diderot dans l'*Encyclopédie*, était habilitée à le relever de son serment comme « un mineur qui aurait agi sans connaissance de cause [1] ». La puissance, autrement dit, ne venait plus du ciel mais d'en bas, de la terre, du peuple, de l'union des volontés qui formaient la collectivité nationale.

C'est donc en s'opposant tout à la fois aux privilèges nobiliaires et à l'absolutisme royal, que le concept de nation a fait irruption dans l'histoire. La

---

1. Diderot, article « Autorité politique », in l'*Encyclopédie,* Éditions sociales, coll. Essentiel, 1984, p. 108.

hiérarchie sociale était fondée sur la naissance, et la monarchie sur le droit divin. A cette représentation de la société et à cette conception du pouvoir, la Révolution française a substitué l'image d'une association volontaire et libre.

Tel est précisément pour les conservateurs le péché originel, la *présomption* fatale dont découlent inexorablement la dissolution de l'ensemble social, la Terreur et, pour finir, la dictature napoléonienne. En se rassemblant dans le dessein de faire une constitution, les révolutionnaires ont cru réitérer le pacte primordial qui est à l'origine de la société. Pour établir le régime d'assemblée, ils se sont autorisés du contrat social. Or, répondent les défenseurs de la tradition, il n'y a jamais eu de contrat : un citoyen n'appartient pas à sa nation en vertu d'un décret de sa volonté souveraine. Cette idée est une chimère, et cette chimère a engendré tous les crimes. « Une assemblée quelconque d'hommes, écrit Joseph de Maistre, ne peut constituer une nation. Une entreprise de ce genre doit même obtenir une place parmi les actes de folie les plus mémorables [1]. »

Car la société ne naît pas de l'homme, aussi loin qu'on remonte dans l'histoire, c'est lui qui naît dans une société déjà donnée. Il est contraint, *d'entrée de*

---

1. J. de Maistre, *Œuvres complètes,* I, Vitte, Lyon, 1884, p. 230.

jeu, d'y insérer son action comme il loge sa parole et sa pensée à l'intérieur d'un langage qui s'est formé sans lui et qui échappe à son pouvoir. D'entrée de jeu : qu'il s'agisse, en effet, de sa nation ou de sa langue, l'homme entre dans un jeu dont il ne lui appartient pas de fixer, mais d'apprendre et de respecter les règles. Il en va des constitutions politiques comme de l'accord du participe passé ou du mot pour dire « table ». D'une part elles varient suivant les nations, d'autre part on les trouve, on ne les façonne pas. Leur développement est spontané, organique et non intentionnel. Loin de correspondre à une volonté explicite ou à un arrangement délibéré, elles germent et mûrissent insensiblement sur le terreau national. Pas plus qu'une règle grammaticale, elles ne résultent d'un dessein clairement conçu par une ou plusieurs personnes : « Qu'est-ce qu'une constitution ? N'est-ce pas la solution du problème suivant ? Étant donné la population, les mœurs, la religion, la situation géographique, les relations politiques, les richesses, les bonnes et les mauvaises qualités d'une certaine nation, trouver les lois qui lui correspondent. Ce problème, ce ne sont pas les personnes livrées à leurs seules forces qui peuvent en venir à bout; c'est, en chaque nation, le patient travail des siècles [1]. »

1. *Ibid.*, p. 75. (1753-1821)

N.B

[annotation manuscrite] Joseph de Maistre a prédit avec une exactitude ahurissante, une clairvoyance noire, terrible que le XXᵉ siècle sera baigné de sang, de torture. Pour lui l'histoire était une punition. G. Steiner

Mais, par une résolution aussi absurde que celle qui consisterait à déclarer la langue française caduque et à lui substituer par décret un idiome artificiel et valable pour tous les hommes, les révolutionnaires ont choisi de *faire* une constitution universelle. Faire au lieu de recueillir; universelle au lieu de conforme aux usages de leur pays. Ivres de théorie, ces spéculateurs barbares dotaient leur chétive personne d'une puissance démiurgique et plaquaient des remèdes généraux sur une situation particulière. Plutôt que de reconnaître humblement que ce problème les dépassait, ils croyaient pouvoir le résoudre et s'y efforçaient en liquidant leur patrimoine. Volontarisme désastreux, frénésie d'abstraction, délire prométhéen qui, sous couleur de restituer l'autorité politique à la nation, les conduisait tout simplement à prendre sa place et à s'acharner sur les traits distinctifs de son histoire. En s'associant pour donner à la collectivité des bases prétendument rationnelles, ils se dissociaient de sa tradition : ils la dépossédaient tout à la fois de son pouvoir créateur et de sa singularité; ils lui dérobaient sa puissance pour détruire son âme. Dans le moment même où ils croyaient libérer la nation des institutions surannées qui la maintenaient sous tutelle, ils trahissaient, en fait, l'identité nationale au profit de ce rêve de l'esprit, de cette entité purement imaginaire : l'homme.

Quand les révolutionnaires invoquaient la nation,

c'était, on l'a vu, pour transférer à l'homme les pouvoirs que l'alliance séculaire du trône et de l'autel réservait à Dieu. Un siècle avant Spengler, et son *Déclin de l'Occident*, les ultras leur répondent : l'homme est un mirage, « un fantôme zoologique[1] », seules existent les mentalités ou les cultures nationales : « Il n'y a point d'homme dans le monde, dit une formule célèbre de Joseph de Maistre. J'ai vu dans ma vie des Français, des Italiens, des Russes. Je sais même grâce à Montesquieu qu'on peut être persan ; mais quant à l'homme, je déclare ne l'avoir rencontré de ma vie ; s'il existe, c'est bien à mon insu[2]. »

Lettres persanes (1721) Montesquieu

1. Spengler, *Le déclin de l'Occident*, I, Gallimard, 1948, p. 33. Pour Spengler, il est vrai, ce ne sont pas les nations qui constituent les unités culturelles de base, ce sont les civilisations. Son regard embrasse des ensembles historiques beaucoup plus vastes que celui de Joseph de Maistre. Méprisant la myopie nationaliste, il voit se succéder ou s'affronter huit grandes cultures depuis les débuts de l'histoire humaine : l'égyptienne, la babylonienne, la chinoise, la grecque antique, l'arabe, l'occidentale, et la culture des peuples mayas d'Amérique centrale. Mais ce changement d'échelle n'implique pas un changement de mode de pensée. Il en va des organismes spenglériens, comme des nations selon Maistre ou Herder. Ce sont des totalités fermées sur elles-mêmes, des entités vivantes « dont chacune imprime à son matériau, l'humanité, sa *propre* forme, dont chacune a sa *propre* idée, ses *propres* passions, sa vie, son vouloir et son sentir *propres*, sa *propre* mort » (cité et traduit par Jacques Bouveresse, in « La vengeance de Spengler », *Le Temps de la réflexion 1983*, p. 398). Il y a donc bien un lien de filiation entre la philosophie de la contre-révolution et le relativisme anthropologique de Spengler.

2. J. de Maistre, *Œuvres,* I, *op. cit.,* p. 75.

les unités culturelles de base ce sont les civilisations (Spengler)

Nation contre nation, les traditionalistes combattent l'idée de libre association par celle de totalité
englobante, et au modèle rousseauiste de la volonté N.B
générale ils opposent, sans encore employer l'expression, le concept d'inconscient collectif. A l'ins- *
tar des apôtres de la souveraineté populaire, ils font
remonter le pouvoir de la base vers le sommet.
Alors qu'on aurait pu s'attendre à les voir contester
ce principe démocratique, ils se placent en fait sur
son propre terrain et découvrent la nation *sous*
l'individu. Le tort des révolutionnaires est de n'être
pas descendus assez loin, de n'avoir pas creusé assez
profond dans leur recherche des assises de la vie
collective. Se prenant eux-mêmes pour base, ils se
sont crus en droit de constituer la société. C'était
oublier le pouvoir constituant de la société sur la
raison individuelle. Loin, en effet, que les sujets
humains forment consciemment la communauté
dans laquelle ils vivent, celle-ci façonne insidieusement leur conscience. La nation n'est pas composée
à partir de la volonté de ses membres, c'est la
volonté de ceux-ci qui est commandée par leur
appartenance à la totalité nationale. L'homme étant
l'ouvrage de sa nation, le produit de son environnement et non l'inverse, comme le croyaient les
philosophes des Lumières et leurs disciples républicains, *l'humanité doit se décliner au pluriel* : elle
n'est rien d'autre que la somme des particularismes
qui peuplent la terre. Et de Maistre ici rejoint

1) libre association   plusieurs
2) volonté générale   nations
3) inconscient collectif)

* traditionalistes → Inconscient collectif

Herder : « Les nations ont une *âme* générale et une véritable unité morale qui les constitue ce qu'elles sont. Cette unité est surtout annoncée par la langue [1]. »

Voici donc transmué en détermination inconsciente ce qui relevait de l'adhésion réfléchie des individus. La nation – par le biais de l'organisation sociale et de la langue – introduit dans l'expérience des êtres humains des contenus et des formes plus anciens qu'eux et dont ils ne sont jamais en mesure de s'assurer la maîtrise. Qu'il se définisse comme être social ou comme sujet pensant, l'homme ne s'appartient pas, il est articulé, avant toute initiative, sur autre chose que lui-même. Il est ainsi délogé de cette position d'*auteur* où les philosophes avaient cru pouvoir l'établir. Dans l'esprit des doctrinaires de la contre-révolution, il s'agit de faire place nette et de restaurer Dieu dans ses anciens privilèges. Puisque l'homme ne se découvre que lié à une nation déjà constituée, c'est au Créateur qu'il faut imputer l'apparition et l'épanouissement des identités nationales. Le dynamisme donnant vie aux communautés humaines peut être qualifié de divin précisément parce qu'il est anonyme, parce que c'est un « procès sans sujet ». Dans le fait qu'à l'origine des langues et des sociétés, il n'y a, à proprement parler, personne, les traditionalistes

1. *Ibid.,* p. 325.

voient la preuve irréfutable de l'existence de Dieu. N.B.

Et il pèche à la fois contre son peuple et contre la volonté divine, l'insensé qui, défiant le cours des choses, se met en tête d'établir un gouvernement ou de créer des institutions. Au délit de trahison, il ajoute le crime de sacrilège. C'est Dieu qu'il outrage lorsqu'il répudie les coutumes vénérables ou qu'il bafoue les dogmes nationaux.

Un Dieu cependant qui, tout en gardant le même nom que l'ancien Maître de l'univers occupe une autre place et reçoit une définition entièrement nouvelle. Réactionnaires, les traditionalistes ont pour objectif proclamé de fermer la malheureuse parenthèse historique ouverte en 1789. Théocrates, ils veulent sauver le monde de ce désastre fonda-mental – la dissolution du droit divin, mais ce qu'ils appellent Dieu, ce n'est plus l'Être suprême, c'est la raison collective. Identifié à la tradition, attesté dans le génie de chaque peuple, ce Dieu a délaissé la région céleste du Souverain Bien pour les contrées obscures et souterraines de l'inconscient. Il est désormais situé en deçà et non plus au-delà de l'intelligence humaine, et il oriente les actions, il modèle la pensée de chacun à son insu, au lieu, comme son homonyme, de communiquer par la voie de la Révélation avec les créatures. Dieu parlait *à* l'homme une langue universelle, dorénavant il parle *en* lui la langue de sa nation.

31

De Maistre et Bonald ont la même ambition que Bossuet, le théoricien classique de l'absolutisme : enseigner la soumission aux hommes, leur donner la religion du pouvoir établi, substituer, selon la formule de Bonald « l'évidence de l'autorité à l'autorité de l'évidence ». Mais là s'arrête l'analogie : c'est à un ordre transcendant que Bossuet voulait attacher les hommes, c'est à un ordre sous-jacent que de Maistre et Bonald, tout comme le romantisme politique allemand, prétendent les assujettir. Derrière l'apparence d'un simple retour en arrière, la contre-révolution abolit toutes les valeurs transcendantes, divines aussi bien qu'humaines. L'homme abstrait et le Dieu supraterrestre sont happés en même temps dans l'âme de la nation, dans sa culture.

Les traditionalistes dénoncent fanatiquement la pénétration de l'esprit d'examen dans la sphère religieuse. Il n'y a pas pour eux plus grand blasphème que de plier les mystères de l'Écriture sainte aux critères de la pensée claire et raisonnable. Aussi s'emploient-ils à mater le doute, à enchaîner la raison (« le chef-d'œuvre de raisonnement est de découvrir le point où il faut cesser de raisonner [1] »), afin de rendre à la parole divine

---

1. J. de Maistre, *Œuvres*, VII, p. 39, cité in Massimo Boffa, « Joseph de Maistre : la défense de la souveraineté », *Le Débat*, no 39, mars-mai 1986, Gallimard, p. 90.

examen : esprit critique

ébranlée l'empire suprême qu'elle exerçait autrefois sur les êtres. Assez joué : la pensée, l'art et la vie quotidienne ayant sombré dans le dévergondage, il faut leur faire subir à nouveau les salutaires tourments de l'inquiétude religieuse; il faut que l'au-delà redevienne l'horizon constant et la fin ultime de toutes les activités humaines. Mais – paradoxalement – *ce retour à la religion passe par la destruction de la métaphysique*. Siècle de l'indiscrétion critique et de l'impiété militante, moment maudit où un Diderot pouvait dire qu'il importe beaucoup de ne pas confondre le persil et la ciguë et fort peu de savoir si Dieu existe ou non, l'époque des Lumières est aussi (et ceci explique cela) un siècle métaphysicien. Si les philosophes récusent le pouvoir de la coutume, c'est parce qu'ils honorent des principes abstraits et intemporels. S'ils ne craignent pas de « fouler aux pieds le préjugé, la tradition, l'ancienneté, le consentement populaire, l'autorité, en un mot tout ce qui subjugue la foule des esprits [1] », c'est parce que, après Platon, ils élèvent le Bien au-dessus de toute chose existante. Commençant par écarter les faits, ils s'adossent pour juger l'ordre établi à une norme inconditionnée, à une idée du droit invariable et contraignante. Les contre-révolutionnaires refusent de les suivre sur ces hauteurs et

---

1. Diderot, article « Éclectisme », l'*Encyclopédie*, p. 148.

d'invoquer d'autres abstractions, d'autres essences immaculées contre celles qu'ils préconisent. Ils réduisent, au contraire, toute idée pure à l'état de fantôme inconsistant et se fixent pour programme de rapatrier le Bien dans le devenir. La haine implacable dont ils poursuivent cette période iconoclaste, sans foi ni dogme, ne s'adresse pas tant à son matérialisme qu'à son intempérance spéculative, à son goût pour les « nuées » métaphysico-morales, bref à son platonisme. De l'abstrait, les traditionalistes font table rase. Dans leur combat contre les excès de l'esprit critique, dans leur souci de ramener la raison à la raison, c'est-à-dire au respect des valeurs traditionnelles, ils foudroient tous les dualismes : l'éternité cesse d'être opposée au temps, l'essence à l'existence, le possible au réel, l'intelligible au sensible et même l'autre monde au monde d'ici-bas. Leur pensée intensément immanente ne laisse rien subsister au-dessus de l'univers tangible de l'histoire. Ces étranges dévots s'acharnent à dénoncer l'illusion des arrière-mondes. Parlant au nom de la religion menacée, ils anticipent, en fait, le nihilisme nietzschéen : ce n'est pas l'impiété, mais « le défaut de sens historique » qui constitue à leurs yeux « le péché originel [1] » de la

---

1. Nietzsche, *Humain, trop humain,* Denoël, coll. Médiations, 1983, p. 19.

philosophie. Le culte qu'ils célèbrent est celui du fait. Est bien ce qui est. L'excellence est un pléonasme de l'existence. La valeur des institutions, désormais, est fixée par leur ancienneté et non plus par leur degré de proximité à un modèle idéal. Les coutumes sont légitimes parce qu'elles sont séculaires. Plus un ordre est ancestral, plus il mérite d'être préservé. Si telle opinion commune a traversé les siècles, c'est qu'elle est vraie; nul argument rationnel ne peut valoir contre cette patine de l'âge, contre cette consécration par le temps. Toute métaphysique abolie, il n'y a de vérité que dans la longévité des choses.

LA CHALEUR MATERNELLE
DU PRÉJUGÉ

Herder : « Le préjugé est bon en son temps, car il rend heureux. Il ramène les peuples à leur centre, les rattache solidement à leur souche, les rend plus florissants selon leur caractère propre, plus ardents et par conséquent aussi plus heureux dans leurs penchants et leurs buts. La nation la plus ignorante, la plus remplie de préjugés est à cet égard souvent la première : le temps des désirs d'émigration et des

voyages pleins d'espoirs à l'étranger est déjà maladie, enflure, embonpoint malsain, pressentiment de
mort [1]. »

De Maistre : « Tous les peuples connus ont été
heureux et puissants à mesure qu'ils ont obéi plus
fidèlement à cette raison nationale qui n'est autre
chose que l'anéantissement des dogmes individuels
et le règne absolu et général des dogmes nationaux,
c'est-à-dire des préjugés utiles [2]. »

En proclamant leur amour du préjugé, contre-
révolutionnaires français et romantiques allemands
réhabilitent le terme le plus péjoratif de la langue
des Lumières, et – comble d'audace, provocation
suprême – ils l'élèvent à la dignité de culture. Ce
n'est pas, disent-ils, l'obscurantisme qui fleurit sur
le sommeil de la raison individuelle, c'est la raison
collective. Présence du « nous » dans le « je » et de
l'antérieur dans l'actuel, véhicules privilégiés de la
mémoire populaire, sentences transmises de siècle
en siècle, intelligence d'avant la conscience et
garde-fous de la pensée – les préjugés constituent le
trésor culturel de chaque peuple. Sous prétexte de
répandre les Lumières, les philosophes se sont
acharnés contre ces précieux vestiges. Au lieu de les
chérir, ils ont voulu les détruire. Et, non contents

1. Herder, *Une autre philosophie de l'histoire*, Aubier-Montaigne,
1964, pp. 185-187.
2. J. de Maistre, *Œuvres*, I, *op. cit.*, p. 376.

de s'en défaire pour leur propre compte, ils ont exhorté le peuple à les imiter. Comme l'écrit Kant, ils ont choisi pour devise : *Sapere aude*, n'aie pas peur de savoir, ose braver tous les conformismes, « aie le courage de te servir de ton propre entendement », sans le secours d'un directeur de conscience ou la béquille des idées reçues. Résultat : ils ont arraché les hommes à leur culture, dans le moment même où ils se vantaient de les cultiver; ils ont chassé l'histoire en croyant bannir la superstition ou l'erreur; convaincus d'émanciper les esprits, ils n'ont réussi qu'à les déraciner. Ces calomniateurs du lieu commun n'ont pas délivré l'entendement de ses chaînes, ils l'ont coupé de ses sources. L'individu qui devait, grâce à eux, sortir de sa condition de minorité, s'est, en réalité, vidé de son être. Pour avoir voulu devenir cause de soi, il a renoncé à lui-même. Dans sa lutte pour l'indépendance, il a perdu toute substance. Car les promesses du cogito sont mensongères : affranchi du préjugé, soustrait à l'ascendant des maximes nationales, le sujet n'est pas libre, mais racorni, dévitalisé, tel un arbre privé de sève.

Il faut donc voir dans l'opinion commune l'humus où la pensée s'alimente, son foyer central, l'origine ou la matrice dont elle procède et non, comme les philosophes, l'autorité étrangère qui la surplombe et qui l'écrase. Pour les traditionalistes, l'époque des Lumières se résume à un funeste

37

le cogito fit table rase des idées préconçues, des préjugés...

quiproquo : les philosophes se sont trompés sur la nature et, si l'on peut dire, sur le sexe du préjugé. De la mère nourricière qui, tout à la fois nous enveloppe et nous inspire, ils ont fait un père fouettard. Et en cherchant à renverser le père, c'est la mère qu'ils ont tuée. Ce meurtre qui se voulait libérateur a plongé l'homme dans la détresse et l'a condamné à l'égarement, comme l'atteste le cataclysme révolutionnaire. Une transmutation des valeurs s'avère donc indispensable. Diderot avait hâte de rendre la philosophie populaire, afin d'approcher le peuple du point où en sont les philosophes; c'est le contraire qui doit être entrepris : rapprocher les philosophes du point où en est restée la sagesse populaire; mettre la pensée à l'école de l'opinion; immerger le *cogito* dans les profondeurs de la collectivité; renouer le lien rompu avec les générations antérieures; remplacer la quête de l'autonomie par celle de l'authenticité; abandonner toute résistance critique, se laisser envahir par la chaleur maternelle des préceptes majoritaires et s'incliner devant leur discernement infaillible; enchaîner la raison à l'instinct, bref déserter pour le cocon national cette « grande société des esprits répandue partout et partout indépendante [1] » que les penseurs des Lumières se glorifiaient d'avoir su

1. Voltaire, cité in René Pomeau, *L'Europe des lumières,* Slatkine, 1981, p. 176.

établir. Alors, au bonheur d'avoir restauré l'unité primitive s'ajoutera l'exaltante certitude de vivre à nouveau dans la vérité.

« N'a-t-il pas frappé d'ineptie la sagesse du monde ? » disait déjà saint Paul du Dieu dont il s'était fait l'apôtre. Depuis l'aube du christianisme, il s'est toujours trouvé des mystiques ou des théologiens pour inclure la vie de l'esprit dans l'anathème jeté par la religion sur l'existence humaine. Ce jugement procède de la conviction que tout acte naturel est un péché et que l'exercice de la raison est un acte naturel. Irrémédiablement perverti, l'homme ne peut rien entreprendre d'autre que le crime et le mal. La souillure originelle dont il est affecté contamine les productions de son intelligence. Réduit à lui-même, il est incapable de lucidité aussi bien que de grandeur. Seul un décret divin est en mesure de le dégager de sa propre bassesse, et de l'arracher à la corruption de l'ordre charnel. Dans cette perspective, il n'y a pas de zone intermédiaire entre les initiatives humaines marquées par la concupiscence et la charité qui vient de Dieu. L'existence est soumise, dans tous ses aspects, à l'unique alternative de la déchéance et de la grâce, et l'indépendance de l'ordre spirituel est une illusion fomentée par l'orgueil.

Mais, en dépit des apparences et des invectives que leur dicte le dégoût de l'épisode révolutionnaire, les traditionalistes ne souscrivent pas à cette

moral, lire Luther

anthropologie pessimiste. Sans le dire ouvertement – peut-être même sans en avoir tout à fait conscience, ils rompent avec la vision du monde dont ils se proclament les héritiers. Ce n'est pas à Dieu, on l'a vu, qu'ils restituent les facultés et les vertus dont ils dépouillent les acteurs humains, c'est à l'âme de la nation. Tout dans l'homme est imprégné de cette substance particulière, façonné par cet idiotisme. Tout, c'est-à-dire aussi bien les formes de sa piété que ses impulsions les plus naturelles. Il n'y a pas plus, pour les contre-révolutionnaires, de nature humaine que de vie spirituelle autonome. A Descartes, ils répondent : je pense donc je suis de quelque part; par l'exercice de la réflexion, je n'affirme pas ma souveraineté, je trahis mon identité. Et ce désaveu infligé au *cogito* s'étend à la charité et à la concupiscence. Ces comportements sont des pratiques sociales, des faits dont le sujet véritable est la collectivité. Ces domaines de réalité distincts sont logés à la même enseigne nationale. Ces trois dimensions de l'existence sont ramenées à un code unique : ce que les romantiques allemands appellent le *Volksgeist*. La critique de la nation révolutionnaire débouche ainsi sur la même découverte que la révolte contre le cosmopolitisme français.

Et cette découverte bouleverse de fond en comble le paysage de la pensée. L'appellation que les traditionalistes se donnent ne doit pas nous égarer :

40

animés par la passion du révolu, romantiques allemands et théocrates français n'en accomplissent pas moins une véritable révolution épistémologique. Leur haine de la modernité engendre une conception de l'homme radicalement nouvelle. Leur nostalgie inaugure dans le savoir une mutation dont nous sommes encore largement tributaires. Ces réactionnaires acharnés sont des inventeurs malgré eux. Dans leur rage à remettre l'homme à sa place, ils découvrent l'impensé qui œuvre en lui et fondent les sciences humaines.

Les traditionalistes peuvent bien quitter assez vite la scène politique et intellectuelle, ce sont aussitôt les philologues, les sociologues ou les historiens qui prennent le relais et qui tranchent en faveur du *Volksgeist* le débat entre les deux types de nations. Les savants désormais, et non les idéologues déclarent que le contrat social est une fiction, parce que, hors de la société, il n'y a pas d'individus autonomes [1].

Du coup, tout se renverse et le rationalisme

1. « L'influence des conservateurs français sur la pensée sociale fut importante, et il suffit d'un coup d'œil sur l'œuvre des sociologues pour s'en assurer. Ainsi Saint-Simon et Comte ne tarissent pas d'éloges sur ce que le second appelait "l'école rétrograde" : Comte est d'avis que ce groupe immortel, et de Maistre en tête, mériteront longtemps la gratitude des positivistes, et Saint-Simon estime que c'est à Bonald qu'il doit son intérêt pour les périodes "critiques" et "organiques" de l'histoire, ainsi que la première formulation de ses propositions sur la stabilisation de l'industrialisation et de la démocratie » (Robert A. Nisbet, *La tradition sociologique*, P.U.F., 1984, p. 26).

change de camp. Les sciences de l'inconscient divulguent la logique des lois et des croyances dont se gaussaient imprudemment les philosophes, et prennent ainsi les Lumières en flagrant délit de cécité intellectuelle. Faisant de l'histoire le mode d'être fondamental de l'homme, montrant la nécessité en chaque temps des valeurs qui ont successivement cours dans les sociétés, remplaçant la critique de l'opinion commune par l'étude objective de sa genèse – les positivistes retournent contre les esprits éclairés du siècle précédent l'accusation de superstition ou d'ignorance. Naguère le droit divin faisait partie des innombrables fables dont la raison critique estimait devoir émanciper les hommes; avec l'apparition des sciences humaines, ce sont les idées philosophiques de contrat social, de droit naturel qui sont à leur tour rangées parmi les mythologies. A la véhémence de De Maistre et de Herder succèdent les sarcasmes des érudits et, par un retournement ironique, la philosophie subit le sort humiliant qu'elle infligeait à la religion : cette vision fantasmagorique du monde suppose, écrit Taine avec mépris « des hommes nés à vingt ans, sans parents, sans passé, sans tradition, sans obligation, sans patrie, et qui, assemblés pour la première fois, vont pour la première fois traiter entre eux [1] ».

---

1. Taine, *Les origines de la France contemporaine,* cité in Jacques Julliard, *La faute à Rousseau,* Seuil, 1985, p. 144.

On présente souvent l'instauration de l'ordre libéral en Europe comme une victoire du camp du progrès sur le camp de la réaction, comme le résultat longtemps précaire d'un conflit entre la modernisation sociale et la persistance de l'Ancien Régime. C'est oublier que le problème majeur des républicains, tout au long du XIXᵉ siècle, sera de concilier leur fidélité à l'héritage des Lumières avec les *progrès* du savoir, de s'appuyer sur le droit naturel sans pour autant méconnaître la valeur *scientifique* de cette objection soulevée par Joseph de Maistre : « Toute question sur la nature de l'homme doit se résoudre par l'histoire [1] », bref de ne pas passer pour des métaphysiciens attardés au regard du positivisme issu de la contre-révolution.

amateurs d'abstractions

QU'EST-CE QU'UNE NATION ?

Un événement, cependant, va remettre en cause cette consécration du *Volksgeist* par la science : la guerre de 1870 entre la France et l'Allemagne et, plus précisément, la conquête de l'Alsace-Lorraine par les Allemands. Cet épisode, en effet, ne provo-

---

1. J. de Maistre, « Des origines de la souveraineté », *Œuvres*, I, *op. cit.,* p. 316.

que pas seulement l'exacerbation des passions nationales, il ranime, avec une profondeur et une acuité
aujourd'hui oubliées, le litige entre la nation-génie
et la nation-contrat. Par-delà le folklore patriotique
des cartes de France qui voilent l'Est de noir, des
enfants qui apprennent à chanter *O Tannenbaum* le
soir de Noël en hommage aux petits Alsaciens, ou
des bataillons scolaires qui, baïonnette au canon et
béret à pompon rouge sur la tête, défilent en
clamant : « Vous avez pris l'Alsace et la Lorraine /
Mais notre cœur, vous ne l'aurez jamais [1] » –, une
vraie controverse philosophique, dont l'importance
demeure capitale, jaillit de ce différend frontalier.

Dès la cessation des combats, c'est avec des
arguments scientifiques que les plus grands historiens allemands s'emploient à justifier l'annexion
des nouveaux territoires. Refusant de séparer
l'homme de ses déterminations, cherchant la vérité
de son être et la clé de son comportement dans ces
forces qui le commandent à son insu : la langue, la
race, la tradition historique – ils constatent que les
Alsaciens parlent allemand et sont de culture allemande. Ils en déduisent que la conquête est légitime : « Les Alsaciens sont des nôtres donc ils sont à
nous, affirment en substance Strauss et Mommsen.
La communauté culturelle fonde l'appropriation.

1. Cf. Jean-Pierre Rioux, Introduction à Rémy de Gourmont, *Le
joujou patriotisme*, J.-J. Pauvert, 1967.

Theodor
Mommsen (1817-1903) historien+philologue
                                    allemand
violence de ses sentiments
contre la France à partir
de 1870

La tutelle française avait arraché ces provinces à leur vraie famille. La victoire prussienne corrige cette anomalie historique et leur permet de réintégrer le giron national. »

Strauss et Mommsen ayant mis tout le prestige de l'université au service de l'Allemagne victorieuse, leurs homologues français se sentent aussitôt tenus de répondre. Ils se placent, cependant, sur un tout autre terrain. Plutôt que d'exhiber les racines celtiques des populations confisquées, plutôt que de se lancer dans une surenchère philologique ou ethnographique, ils concèdent d'emblée à leurs interlocuteurs que l'Alsace est allemande de langue et de race. Mais, dit Renan, « elle ne désire pas faire partie de l'État allemand : cela tranche la question. On parle de droit de la France, de droit de l'Allemagne. Ces abstractions nous touchent beaucoup moins que le droit qu'ont les Alsaciens, êtres vivants en chair et en os, de n'obéir qu'à un pouvoir consenti par eux [1] ».

Et Fustel de Coulanges : « Ce qui distingue les nations n'est ni la race ni la langue. Les hommes sentent dans leur cœur qu'ils sont un même peuple lorsqu'ils ont une communauté d'idées, d'intérêts, d'affections, de souvenirs et d'espérances. Voilà ce

---

1. Renan, « Nouvelle lettre à M. Strauss », in *Histoire et parole*, Laffont, coll. Bouquins, 1984, p. 651.

qui fait la patrie [...] la patrie, c'est ce qu'on aime [1]. »

Avant cette crise, pourtant, Renan et Fustel de Coulanges partageaient le dédain des historiens allemands à l'encontre de la naïve anthropologie des Lumières. Il allait de soi, pour eux, que les individus, par le biais de la langue voire de l'hérédité, procédaient de leur nation et non l'inverse, comme l'avaient proclamé les dangereux sophistes du siècle précédent. C'est à « la fausse politique de Rousseau [2] » que Renan attribuait encore la responsabilité de la défaite française devant l'Allemagne. La Révolution, selon lui, avait perdu la France en dilapidant le patrimoine national au nom d'une conception spécieuse de la notion : « Le jour où la France coupa la tête à son roi, elle commit un suicide [3]. »

Le contraste qui se manifeste entre la volonté des Alsaciens et leurs origines ethniques oblige Renan à reconsidérer ses certitudes. Dès la signature de l'armistice et avant même que ne s'ouvrent à Versailles les pourparlers entre la France et le nouvel empire allemand, les députés d'Alsace et de Lorraine de l'Assemblée nationale affirment dans

1. Fustel de Coulanges, cité in Raoul Girardet, *Le nationalisme français*, Seuil, coll. Points, 1983, p. 64.
2. Renan, « La réforme intellectuelle et morale de la France », *op. cit.*, p. 597.
3. *Ibid.*

une déclaration solennelle leur fidélité à la France :
« Nous proclamons le droit des Alsaciens-Lorrains
de rester membres de la patrie française, et nous
jurons, tant pour nous que pour nos commettants,
nos enfants et leurs descendants, de le revendiquer
éternellement et par toutes les voies, envers et
contre tous usurpateurs. » Et ils récidivent aussitôt
après la cession des deux provinces et sa ratification
par l'Assemblée : « Nous déclarons encore une fois
nul et non avenu *le pacte qui dispose de nous sans*
notre consentement... La revendication de nos droits
reste à jamais ouverte à tous et à chacun, dans la
forme et dans la mesure que notre conscience nous
dictera... Vos frères d'Alsace et de Lorraine, séparés
en ce moment de la famille commune, conservent à
la France absente de leurs foyers une affection
filiale jusqu'au jour où elle viendra y reprendre sa
place [1]. » Cet irrédentisme, dans une région qui, le

---

1. Cité in Raoul Girardet, *Le nationalisme français,* p. 37.
L'emphase de cette déclaration ne doit pas nous faire oublier que le
retour à la mère patrie, en 1918, n'eut rien d'idyllique. Après les
premières manifestations d'enthousiasme patriotique, la politique
d'assimilationisme laïque pratiquée par la France se heurtera, tout
au long de l'entre-deux-guerres, à un puissant mouvement autono-
miste. Mais ceci est une autre histoire, et qui n'atténue en rien
l'importance de la « Déclaration de Bordeaux ». Ce n'est pas l'amour
de la France qui fait de ce texte un document capital, mais « la
proclamation solennelle de ce que seul le consentement fonde la
nationalité » (Jean-Marie Mayeur, « Une mémoire-frontière : l'Alsace » in *Les lieux de mémoire*, II : *La Nation* **, sous la direction de
Pierre Nora, Gallimard, 1986, p. 88).

soir de Noël, chante spontanément : *O Tannenbaum!*, fournit la preuve éclatante que l'idiome, la constitution héréditaire ou la tradition n'exercent pas sur les individus l'empire absolu que tendent à leur conférer les sciences humaines. Il est ainsi démontré que le sentiment national résulte non d'une détermination inconsciente, mais d'une libre décision. Et les habitants d'Alsace-Lorraine restituent ainsi à l'idée périmée de contrat une actualité tout à fait paradoxale. Le même Renan qui combattait la notion pernicieuse de pacte fondateur, fait maintenant de la nation l'objet d'un *pacte implicite* quotidiennement scellé entre ceux qui la composent : « Une nation est donc une grande solidarité constituée par le sentiment des sacrifices que l'on a faits et de ceux qu'on est disposé à faire. Elle suppose un passé : elle se résume pourtant dans le présent par un fait tangible : le consentement, le désir clairement exprimé de continuer la vie commune. L'existence d'une nation est un plébiscite de tous les jours [1]. »

La définition de Renan accueille la longue histoire que Siéyès rejetait sans ménagement dans les ténèbres du despotisme. Il passe du plan formel au plan concret des traditions vivantes qui donnent à la nation sa physionomie particulière. Le « corps d'as-

1. Renan, « Qu'est-ce qu'une nation ? », in *Œuvres complètes*, I, Calmann-Lévy, 1947, p. 904.

sociés » de *Qu'est-ce que le Tiers-État ?* devient dans *Qu'est-ce qu'une nation ?* « une association séculaire » ; la nation tout court devient la nation *française,* riche, par-delà les clivages, d'une mémoire inéchangeable et indivisible : 89 est un épisode de la vie nationale, et non la date où la nation est sortie de l'ombre et s'est affranchie de son passé. Mais tout en rendant au lien social l'épaisseur historique dont l'avaient appauvri les révolutionnaires, Renan est amené, en dernière instance, à leur donner raison : ce n'est pas le *Volksgeist,* communauté organique de sang et de sol ou de mœurs et d'histoire, qui soumet à sa loi les comportements individuels, c'est le concours volontaire des individus qui forme les nations.

Après avoir lui-même raisonné en termes d'entités collectives, pourfendu « l'épouvantable simplicité de l'esprit sémitique, rétrécissant le cerveau humain, le fermant à toute idée délicate[1] », et affirmé sans ambages que « la race sémitique comparée à la race indo-européenne représente réellement une combinaison inférieure de la nature humaine[2] », Renan découvre brutalement l'irréductibilité des consciences. Sous le choc de l'événement, l'homme qui fut « le véritable garant scienti-

---

1. Renan, « Discours d'ouverture au Collège de France », *Œuvres complètes,* II, *op. cit.,* p. 333.
2. Renan, « Histoire des langues sémitiques », *Œuvres complètes,* VIII, *op. cit.,* p. 146.

fique du mythe aryen en France[1] » cesse de conce-
voir l'esprit comme une prison mentale. Les concepts scientistes de race ou de culture perdent leur
valeur opératoire, et la nation n'apparaît plus à
Renan sous la forme d'une entité, mais sous l'aspect
de ce que Husserl, un peu plus tard, appellera une
« communauté intersubjective ».

Il n'est pas juste, on le voit, de réduire à une
querelle de clocher la question d'Alsace-Lorraine.
Au pangermanisme triomphant, Renan a réagi par
une autre théorie de la nation, fondée elle-même
sur une autre représentation de l'homme.

Dans la conception de Strauss et de Mommsen,
l'homme est captif de son ascendance, son quant-
à-soi est pure illusion : il est investi jusque dans les
replis les plus secrets de son intériorité par l'histoire
dont il est l'héritier, par la langue qu'il parle, par la
société qui lui a donné naissance. La tradition le
précède et devance sa réflexion : il lui appartient
avant de s'appartenir. Pour Renan, s'il est vrai que
l'homme n'est pas tout entier présent à lui-même et
que ce décalage fonde les sciences humaines, on ne
doit pas voir pour autant dans la pensée la résul-
tante ou le simple prolongement de l'impensé où
elle baigne : « N'abandonnons pas ce principe fondamental que l'homme est un être raisonnable et

1. Léon Poliakov, *Le mythe aryen,* Calmann-Lévy, 1971, p.
208.

moral avant d'être parqué dans telle ou telle langue, membre de telle ou telle race, adhérent de telle ou telle culture [1]. »

Depuis la Renaissance jusqu'à l'époque des Lumières, le programme des Temps modernes avait été de délivrer l'esprit humain de la vérité révélée et des dogmes de l'Église. Affranchi de toute tutelle, l'homme n'avait désormais de comptes à rendre qu'à sa raison. Il sortait de sa condition de minorité (selon la célèbre formule de Kant) et se proclamait apte à penser sans père. Renan ajoute une clause à cette définition de l'homme majeur, en détachant la vie de l'esprit de la communauté dans laquelle elle prend racine. Il y a en l'homme, affirme-t-il, un pouvoir de rupture : il peut s'arracher à son contexte, s'évader de la sphère nationale, parler, penser et créer sans témoigner aussitôt de la totalité dont il émane. En d'autres termes, il n'a pas conquis de haute lutte son autonomie à l'égard des instances paternelles qui cherchaient à restreindre le champ de sa pensée, pour être absorbé, sans autre forme de procès, par cette mère dévorante : sa culture. « Avant la culture française, la culture allemande, la culture italienne, il y a la culture humaine [2]. » *N.B.*

Par cette distinction entre culture nationale et

---

1. Renan, « Qu'est-ce qu'une nation ? », *Œuvres complètes,* I, *op. cit.,* p. 900.
2. *Ibid.,* p. 901.

culture humaine, c'est à Goethe que Renan fait implicitement référence, c'est l'esprit de Goethe qu'il oppose à la vision du monde mise en place par le nationalisme allemand.

UNE CONVERSATION
AVEC ECKERMANN

ami de Goethe ← Littérateur allemand (1792-1854) (1749-1832)

Le 31 janvier 1827, Goethe, au faîte de sa gloire et au soir de sa vie, s'entretenait avec le fidèle Eckermann d'un roman chinois qui l'occupait et qui lui paraissait très remarquable. Alors qu'il s'attendait à être subjugué et comme tenu en respect par la singularité ou le pittoresque de cette œuvre, il y avait décelé des affinités avec sa propre épopée en vers *Hermann et Dorothée* et avec les romans anglais de Richardson. Sa surprise tenait non pas à l'exotisme du livre, mais à sa proximité. Fragment détaché d'une civilisation lointaine et peu connue, ce texte, pourtant, n'était pas une curiosité : voilà ce qui l'intriguait. Et par le contact improbable entre lui, patriarche de l'Europe, et ce roman chinois, par l'étrange sentiment de familiarité qu'il éprouvait, par ce lien tissé en dépit de toutes les différences – l'aptitude de l'esprit à déborder au-delà de la société et de l'histoire se

Goethe assista à la bataille de Valmy en 1792, victoire des Français contre les Prussiens

révélait à nouveau. Enracinés dans un sol, ancrés dans une époque, datés et situés, les hommes pouvaient échapper cependant à la fatalité des particularismes. La division n'était pas sans appel : il y avait des lieux – les livres – où l'humanité pouvait avoir raison de son morcellement en une myriade d'esprits locaux.

De ce constat émerveillé, Goethe tirait aussitôt un programme. Puisque la littérature était capable de vaincre ou de transcender les différences de siècle, de race, de langue ou de culture, il fallait qu'elle s'y emploie. Cette possibilité lui fixait son idéal. Cette utopie, ce non-lieu, cet au-delà du lieu et du moment constituaient sa vocation véritable : ne valaient que les œuvres dont la question « où ? » et la question « quand ? » ne pouvaient pas totalement rendre compte.

Mais pour permettre à de telles œuvres de se multiplier, encore fallait-il que les écrivains et les lecteurs pussent effectivement s'ouvrir à des influences nombreuses et porter le regard au-delà de leur entourage immédiat. D'où l'importance accordée par Goethe à la traduction et à toutes les formes de circulation littéraire. Le commerce des formes et des idées devait mettre un terme à une existence où le chez-soi était absolu, où tout venait de l'intérieur. Sous l'effet de l'échange et de l'interaction généralisée, les peuples cesseraient d'être enfermés dans leurs frontières, les nations ne seraient plus des planètes, les divers idiomes ne se figeraient plus en autant d'idiotismes, l'écriture se détacherait du sol et les œuvres, entrant directement en société les unes avec les autres, ne pourraient plus être classées selon leur origine. A l'addition des provincialismes succéderait l'âge de la littérature mondiale. « Aussi j'aime à me renseigner sur les nations étrangères et je conseille à chacun d'en faire autant de son côté. Le mot de *littérature nationale* ne signifie pas grand-chose aujourd'hui; nous allons vers une époque de littérature universelle, et chacun doit s'employer à hâter l'avènement de cette époque [1]. »

Un demi-siècle plus tôt, en 1771, le même Goethe avait découvert avec transport l'existence d'un art et d'une littérature spécifiquement allemands. Il était alors à Strasbourg où deux événements eurent sur lui un retentissement considérable : la rencontre de Herder et la vision de la cathédrale : « Trouvant cet édifice bâti sur une ancienne terre allemande, et dans une époque tout allemande, apprenant de plus, que le nom de l'architecte qu'on lisait sur une tombe modeste était allemand par la consonance et par l'origine, j'entrepris dans mon enthousiasme pour cette œuvre d'art de changer le nom mal famé de gothique donné

1. *Conversations de Goethe avec Eckermann*, Gallimard, 1941, p. 158.

écrites par Eckermann

54

jusqu'alors à cette architecture et de la revendiquer pour mon pays en lui donnant celui d'architecture allemande [1]. »

A Strasbourg – capitale de l'Alsace et ville, à cette époque, française – Goethe eut la soudaine révélation que les chefs-d'œuvre avaient une patrie et que l'art germanique ne pouvait être comparé à aucun autre. La signification esthétique du mot « Allemagne » lui apparut pour la première fois en toute clarté. De cette impression, naquit un essai – *Architecture allemande* – que Goethe publia, en 1772, dans un recueil comprenant un texte de Herder. Il résumait son credo d'une formule : « L'art caractéristique est le seul art véritable [2]. » Ce qui le mettait en porte à faux sur son époque, sur ce siècle dit des Lumières, aveugle aux particularités et coupable d'avoir renoncé à son génie « en envoyant ses fils ailleurs afin qu'ils collectionnent des plantes étrangères pour leur propre perte [3] ». N'aurait-il pas lui-même rejoint la cohorte de ces fils perdus, si alors qu'il devait aller de Strasbourg à Paris, cette Babylone des Temps modernes, un monument providentiel ne l'avait retenu au bord du gouffre cosmopolite, et ne l'avait rappelé – in extre-

---

1. Goethe, *Poésie et vérité*, II, Le Signe, 1980, p. 159.
2. Goethe, « Architecture allemande », in *Écrits sur l'art,* Klincksieck, 1983, p. 72.
3. Goethe, *ibid.*

mis – à la conscience de son identité allemande?

Dès lors en effet que le Beau s'identifie au typique, l'autarcie spirituelle doit remplacer l'échange. A l'ouverture, qui accélère l'uniformisation du goût, des conduites et des œuvres, il faut préférer le repli qui protège la pluralité humaine. Il faut rentrer en soi et non en sortir, raréfier les contacts au lieu de les multiplier, se défendre des influences extérieures plutôt que de s'y complaire. S'il n'est effectivement pas de valeur plus haute que l'esprit distinctif de chaque nation, la route de l'écrivain est toute tracée : imiter, dans son ordre, la cathédrale de Strasbourg, donner voix au monde natal, saisir et manifester le génie du peuple dont il est issu.

Mais Goethe se dégrisa très vite de cette extase patriotique. Sa concession au lyrisme du *Volksgeist* resta sans lendemain. Croisant en quelque sorte ses contemporains, il choisit même de rompre avec Herder, au moment où toute l'Allemagne intellectuelle succombait au charme consolateur de sa pensée. Invité en 1808 (deux ans après Iéna...) à donner son avis sur la composition d'un recueil des meilleures poésies allemandes à l'usage du peuple, il fit une seule recommandation à ses solliciteurs : qu'ils intègrent dans leur anthologie des traductions allemandes de poèmes étrangers [1]. Ce conseil, à

1. Antoine Berman, *L'épreuve de l'étranger,* Gallimard, coll. Les Essais, 1984.

cette date, constituait une véritable provocation. En pleine occupation napoléonienne, dans un climat d'effusion pathétique et de nationalisme éperdu, Goethe dénonçait l'allégeance systématique de l'artiste à sa patrie. Tandis que les autres poètes et penseurs exaltaient les profondeurs mystérieuses de l'âme germanique et se posaient en destructeurs des universalités, il osait déclarer : « Une tolérance généralisée sera atteinte le plus sûrement si on laisse en paix ce qui fait la particularité des différents individus humains et des différents peuples, tout en restant convaincu que le trait distinctif de ce qui est réellement méritoire réside dans son appartenance à toute l'humanité [1]. » N.B.

Goethe renouait ainsi avec la tradition métaphysique rompue par le *Volksgeist*, c'est-à-dire par la nationalisation systématique des choses de l'esprit. Retour déniaisé cependant. Il avait appris de Herder que l'homme n'est pas de tous les temps et de tous les lieux, que la langue qu'il parle, le paysage qu'il habite et l'histoire dans laquelle il est jeté ne sont pas des qualités secondaires ou des ornements ajoutés à sa nature. Il savait, dirait-on aujourd'hui, que l'homme est situé. Il était bien conscient qu'on n'échappe pas par décret à sa particularité de naissance. Tout en affirmant : « Comme homme, comme citoyen, le poète aimera sa patrie ; mais la

---

1. Goethe, *Écrits sur l'art, op. cit.,* p. 52.

patrie de sa puissance et de son action poétiques, c'est le Bon, le Noble, le Beau qui ne sont attachés à aucune province spéciale, à aucun pays spécial qu'il saisit et forme là où il les trouve[1] », Goethe se distinguait radicalement des desservants classiques du Bien, du Noble et du Beau : le groupe ethnique était pour lui un aspect non pas accidentel, mais constitutif de l'existence. Pourtant, et c'est là l'essentiel, Goethe refusait de faire de nécessité vertu. Que nous relevions d'une tradition spécifique et que nous soyons façonnés par notre appartenance nationale, c'était un fait devant lequel il était désormais impossible de s'aveugler; en aucun cas, ce ne devait être une valeur. Cette réalité méritait qu'on la reconnaisse, non qu'on l'idolâtre. Respirant le même air que les autres membres de sa tribu, naissant comme tout un chacun dans un monde historique et divisé, l'artiste ne pouvait prétendre accéder d'emblée à l'universalité. Spontanément il participait aux manières communes de voir et de juger les choses, sa personnalité ne se différenciait pas d'abord de la personnalité collective d'où lui venaient à la fois ses premières idées et les mots pour les dire. Mais ce n'était pas une raison pour en rajouter, ni pour ériger en absolu cet enracinement dans un lieu ou dans une langue! Avec Herder, Goethe constatait la subordination de l'esprit, son

1. *Ibid.,* p. 50.

ancrage dans une collectivité particulière. Contre lui, et contre ses propres enthousiasmes de jeunesse, il donnait mission à l'art non pas de renchérir sur cette dépendance, mais de la transcender. Il s'agissait pour les œuvres individuelles d'excéder le *Volksgeist,* et non d'en être l'expression. La culture humaine ne devait, en aucun cas, se réduire à la somme des cultures particulières. C'est pourquoi Goethe invitait les poètes, les artistes et les penseurs à sortir du cadre national où Herder et ses disciples exigeaient qu'ils se confinent.

L'EXPLOSIF LE PLUS DANGEREUX
DES TEMPS MODERNES

Lors de la conversation avec Eckermann, Goethe était serein : il estimait que le temps travaillait pour la littérature mondiale. La ferveur nationaliste retombait à mesure que s'estompait le traumatisme de la conquête napoléonienne et le romantisme politique déclinait d'une façon qui semblait irrémédiable. De plus, un marché mondial était en train de naître qui mettait fin au repli des nations sur elles-mêmes. Nulle portion de l'humanité ne pouvait plus poursuivre son histoire sous cloche, à l'abri des entrelacs de l'économie planétaire. Naguère encore infranchissables, les frontières devenaient poreuses : il ne paraissait pas possible de soustraire longtemps les productions de l'esprit à cette circulation généralisée des biens. En 1827, les jours du *Volksgeist* semblaient comptés.

Cinquante ans plus tard, les maîtres de l'université allemande choisissent solennellement Herder aux dépens de Goethe. L'art ne constitue plus pour eux la preuve de la liberté de l'esprit (de sa capacité à transcender les circonstances, à déjouer l'emprise de la collectivité, de l'époque, de la terre natale), mais la manifestation concrète de sa dépendance. A ceux qui invoquent le droit des peuples à disposer d'eux-mêmes, ils objectent le caractère allemand de la cathédrale de Strasbourg. Qu'est-ce que ce monument sinon l'appartenance matérialisée des Alsaciens à l'Allemagne ? Les habitants actuels peuvent bien protester contre l'annexion; au regard de l'histoire immémoriale dont ils sont, qu'ils le veuillent ou non, les héritiers, cette rébellion est un enfantillage, une bouderie passagère, un caprice sans conséquence et sans signification. On ne dispose pas de ce qui dispose de vous, on ne rejette pas *sa* culture, comme s'il s'agissait d'un vêtement. Selon cette théorie, telle que Renan la résume, « la famille germanique [...] a le droit de reprendre les membres épars du germanisme, même quand ces membres ne demandent pas à se rejoindre [1] ».

---

1. Renan, « Qu'est-ce qu'une nation ? », *op. cit.*, p. 895.

La littérature : trésor universel ...
Important

Avec le pangermanisme, l'empreinte éducative de Goethe s'efface en Allemagne : réduisant la culture au culte exclusif des puissances originelles, le *Volksgeist* triomphe et révèle, par surcroît, ses potentialités totalitaires. Une forme inédite d'autorité jaillit de ce concept forgé, on s'en souvient, pour parer à la domination française. Pour la première fois, ce n'est ni l'étalage de la force ni le droit divin qu'un État oppose à la volonté des individus, c'est leur identité même. Les Alsaciens sont asservis à un *maître* d'autant plus despotique qu'il se confond avec leur *être*. Au lieu d'en référer à l'au-delà, de s'exercer du dehors, d'appliquer une loi transcendante, le pouvoir qu'ils subissent prend sa source dans cet en deçà des identités individuelles que constitue l'âme collective. Voici donc des sujets littéralement *incarnés* par l'oppression dont ils sont victimes, obligés de se reconnaître dans l'État qui les écrase en brandissant leur effigie. Cette contrainte représente pour Renan le scandale majeur de l'annexion, et son innovation politique la plus troublante : « On n'a pas le droit d'aller par le monde tâter le crâne des gens, puis les prendre à la gorge en leur disant : " Tu es notre sang, tu nous appartiens ! " En dehors des caractères anthropologiques, il y a la raison, la justice, le vrai, le beau, qui sont les mêmes pour tous [1]. »

1. *Ibid.*, p. 898.

Précisons que Renan ne fait pas de différence entre l'argument racial et l'argument plus spécifiquement culturel. Il n'est pas moins grave, à ses yeux, de justifier la conquête par la cathédrale de Strasbourg que par le patrimoine génétique des Alsaciens. Dans les deux cas, en effet, les hommes subissent l'épreuve d'une dépossession sans précédent : c'est au nom de leur essence profonde qu'ils sont dessaisis de toute maîtrise sur leur propre destin; race ou culture – c'est la vérité dont ils sont, malgré eux, titulaires qui disqualifie leur désir conscient.

Mais il y a plus : le génie national supprime à la fois l'individu (happé dans son groupe d'origine) et l'humanité (coupée en essences figées, pulvérisée en une multitude de personnalités ethniques refermées sur elles-mêmes). Et si la négation de l'individu engendre *un pouvoir sans limites,* c'est la guerre *totale* qui naît de la dislocation du genre humain. Rien n'arrête, autrement dit, un État en proie à l'ivresse du *Volksgeist*; nul obstacle éthique ne se dresse plus sur son chemin : privés d'existence propre, délogés de leur for intérieur, ses sujets ne peuvent pas revendiquer de droits, et puisque ses ennemis n'appartiennent pas à la même espèce, il n'y a pas de raison de leur appliquer des règles humanitaires. Les adversaires cessant d'être des semblables, le combat qui les oppose est affranchi de toute limitation : « La division trop accusée de

Volksgeist: un explosif dangereux

l'humanité en races, outre qu'elle repose sur une erreur scientifique, très peu de pays possédant une **N.B.** race vraiment pure, ne peut mener qu'à des guerres d'extermination, à des guerres " zoologiques ", permettez-moi de le dire, analogues à celles que les diverses espèces de rongeurs ou de carnassiers se livrent pour la vie. Ce serait la fin de ce mélange fécond, composé d'éléments nombreux et tous nécessaires, qui s'appelle l'humanité. Vous avez levé dans le monde le drapeau de la politique ethnographique et archéologique en place de la politique libérale; cette politique vous sera fatale [1]. »

Face au conflit d'Alsace-Lorraine, en apparence limité et local, Renan a le pressentiment d'une plongée imminente dans la barbarie. La belle idée de *Volksgeist* se révèle soudain à lui comme « l'ex- **N.B.** plosif le plus dangereux des Temps modernes [2] ». Il y a une chose, néanmoins, qu'il n'est pas à même de prévoir, c'est la contamination progressive et irrésistible de la cause qu'il défend par les idées qu'il combat. Tel est pourtant le paradoxe de cette querelle franco-allemande : l'opposition théorique s'atténue à mesure que l'antagonisme se radicalise. Plus l'idée de revanche prend possession des esprits (« la Revanche, reine de France », disait Maurras), plus le patriotisme français exalte « les collines

1. Renan, « Nouvelle lettre à M. Strauss », *op. cit.,* p. 651.
2. J.-L. Talmon, « Herder et la mentalité allemande », in *Destin d'Israël,* Calmann-Lévy, 1967, p. 224.

Barrès

éternelles » et s'infléchit en mystique de l'enracinement.

Renan faisait grief aux Allemands de vouloir
s'enclore dans leur nation, au mépris du droit
individuel et au risque de briser l'humanité en
fragments hétérogènes. De l'attitude intransigeante
des Alsaciens, il concluait qu'on ne peut enfermer
personne dans les limites impératives de son appartenance. Mais très vite Barrès succède à Renan, et
c'est autour du génie français que s'organise la
résistance à l'amputation de la France. Avec plus de
fureur encore qu'avant la crise d'Alsace-Lorraine,
les sciences de l'homme s'attaquent aux principes
libéraux hérités du XVIIIᵉ siècle. « On n'a pas le
droit, dites-vous, d'aller de par le monde tâter le
crâne des gens ?... » Fort des impératifs scientifiques
de l'anthropologie sociale, Vacher de Lapouge
déterre des crânes par milliers dans les cimetières
de l'Hérault pour mesurer leur « indice céphali-
que », et à Renan qui croyait pouvoir proclamer :
« Nation n'est pas synonyme de race [1] », il répond
après dix ans d'enquête sur le terrain : « On n'entre
par décret ni dans une famille ni dans une nation.
Le sang qu'on apporte dans ses veines en naissant,
on le garde toute sa vie. L'individu est écrasé par sa
race, il n'est rien. La race, la nation sont tout [2]. »

1. Renan, « Lettre à M. Strauss », *op. cit.*, p. 652.
2. Cité in Zeev Sternhell, *La droite révolutionnaire, 1885-1914
(Les origines françaises du fascisme)*, Seuil, 1978, p. 168.

Avec Gustave Le Bon, c'est la psychologie qui décrète que « la vie d'un peuple, ses institutions, ses croyances et ses arts ne sont que la trame visible de son âme invisible » et que « chaque peuple possède une constitution mentale aussi fixe que ses caractères anatomiques [1] ». Au nom de la science, Barrès peut ainsi exhorter ses compatriotes à se détourner des grands mots d'*éternel* ou de *toujours,* et leur citer en exemple l'idiome qui, à la place de « je pense », laisse la possibilité de dire : *Es denkt in mir,* « ça pense en moi ».

Ainsi la haine de l'Allemagne se formule à l'aide des concepts et même des tournures employés de l'autre côté du Rhin. La passion antigermanique assure, dès lors qu'elle prend le pas sur toute autre considération, le triomphe de la pensée allemande. En s'aggravant, le ressentiment efface la divergence. L'hostilité au pangermanisme conduit à son imitation, le rejet de l'ennemi culmine en mimétisme. Les adversaires parlent désormais le même langage : chez les uns et les autres, la conception ethnique de la nation l'emporte sur la théorie élective. Les hérauts de la revanche ne contestent pas tant l'idée de race, que la race allemande. Bref, ce n'est plus la nationalisation de la culture qui fait scandale, mais la culture de l'Autre. Les écrivains présents et passés sont enrôlés sous la bannière de

1. *Ibid.,* p. 150.

leurs nations respectives, la patrie de Montaigne se dresse contre celle de Kant, un gouffre désormais les sépare, et c'est tout naturellement qu'un étudiant interrogé sur la renaissance du sentiment national peut écrire : « Revenu de la griserie où me plongea aussi la première lecture des Slaves et des Germains, je m'aperçus que tout cela était très beau mais que ce n'était pas moi. Je jouissais de ces œuvres, mais je ne pouvais pas en vivre; à vrai dire même, je n'en jouissais pas entièrement, car l'on ne jouit que de ce que l'on pourrait créer, et si j'ai virtuellement en moi la puissance d'écrire *Bérénice,* je n'ai point celle d'écrire *Résurrection.* J'ai quitté Goethe pour Racine et Mallarmé, Tolstoï pour Balzac et Stendhal. J'ai senti que je me réalisais, que je me possédais, que je vivais dans la mesure même où ceux dont je faisais ma nourriture spirituelle étaient de ma chair et de mon sang [1]. »

Né de la défaite de Sedan et nourri du drame des provinces perdues, le nationalisme français n'est rien d'autre que l'acclimatation en France de tous les thèmes du *Volksgeist.*

A Strauss, et à sa « génération ultrapatriotique », Renan rappelait solennellement l'existence de valeurs universelles. En 1898, c'est-à-dire moins de vingt ans après cet échange épistolaire, les adeptes

1. Agathon, *Les jeunes gens d'aujourd'hui,* réponse d'Henri Hoppenot, cité in Girardet, *Le nationalisme français, op. cit.,* p. 228.

de la vérité absolue et de la raison abstraite se retrouvent dans le camp de l'anti-France. Alors, en effet, ce sont les dreyfusards qui soutiennent avec force que la nation est un assemblage de volontés individuelles et non une totalité organique, et que l'homme « n'est l'esclave ni de sa race, ni de sa langue, ni de la religion, ni du cours des fleuves, ni de la direction des chaînes de montagnes [1] ». Cette fidélité rigoureuse aux principes défendus par Renan dans *Qu'est-ce qu'une nation?* leur vaut d'être accusés de trahir l'identité nationale : considérant Dreyfus comme une personne autonome, alors que « cet enfant de Sem » n'est point perméable à toutes les excitations dont nous affectent notre terre, nos ancêtres, notre drapeau, le mot « honneur [2] »; prenant pour argent comptant ses protes-

---

1. Renan, « Qu'est-ce qu'une nation ? », *op. cit.,* p. 900.
2. Barrès cité *in* Zeev Sternhell, *La droite révolutionnaire, op. cit.,* p. 162. On m'objectera que Barrès considère Renan comme l'un de ses maîtres et qu'il va même jusqu'à lui emprunter, quasi textuellement, sa définition du sentiment national : « Une nation, déclare-t-il en plein cœur de l'affaire Dreyfus, c'est la possession en commun d'un antique cimetière et la volonté de continuer à faire valoir cet héritage indivis. » Cette similitude frappante ne doit cependant pas nous abuser. Tandis que la volonté selon Renan arrache les hommes à leur inconscient culturel, pour Barrès elle les y attache définitivement : « Tout ce que nous sommes naît des conditions historiques et géographiques de notre pays. Nous avons été... médités à travers les siècles par nos parents, et il faut pour que nous nous développions, pour que nous trouvions le bonheur, que les choses ne soient pas essentiellement différentes de ce qu'elles étaient quand nos ancêtres nous "méditaient". *J'ai besoin qu'on garde à mon arbre la culture qui lui permit de me porter si haut, moi*

67

tations de loyauté, alors qu' « on ne s'improvise pas patriote, on l'est dans le sang, dans les moelles [1] »; s'acharnant, enfin, à démontrer son innocence, alors que sa culpabilité se déduit de sa race, ils raisonnent en intellectuels, au lieu de penser et de sentir en Français. Ainsi, l'Affaire reste sur le terrain philosophique de la querelle d'Alsace-Lorraine, et les nationalistes français occupent désormais la position de Strauss et de Mommsen : Dreyfus est coupable, comme étaient allemands les habitants des provinces litigieuses : en vertu de la fatalité ethnique qui pèse sur ses comportements.

« L'affaire Dreyfus, écrit Julien Benda, a joué un rôle capital dans l'histoire de mon esprit par la netteté avec laquelle elle m'a permis d'apercevoir, comme dans un éclair, la hiérarchie de valeurs qui fait le fond de mon être et ma haine organique pour le système adverse [1]. » Jamais, il est vrai, les deux visions de la nation, de l'homme, de la culture, qui

faible petite feuille. » Très conscient de la divergence philosophique qui se cache sous la parenté de vocabulaire, Barrès fait explicitement grief à Renan de croire « à une raison indépendante existant en chacun de nous et qui nous permet d'approcher la vérité ». Il va même jusqu'à imputer à son glorieux devancier une part de responsabilité dans la naissance du dreyfusisme : « Est-il nécessaire de le dire, un Lorrain, et qui écrivit Les déracinés, repousse, pour la France, cette définition : " Qu'est-ce qu'une nation – c'est un esprit. " Voilà une formule d'où l'on peut tirer, d'où l'on tire, aujourd'hui, de détestables conséquences. » (Scènes et doctrines du nationalisme, I, Plon, 1925, pp. 114, 132, 17, 84. C'est moi qui souligne.)

1. Drumont, ibid., p. 152.
2. Benda, La jeunesse d'un clerc, Gallimard, 1964, p. 114.

divisaient la conscience européenne depuis la Révolution française ne s'étaient affrontées avec une
telle clarté. Jamais ne s'était posée de manière aussi
cruciale la question de savoir s'il fallait en finir avec
le siècle des Lumières. En réhabilitant Dreyfus, la
France répond par la négative et préfère *in extremis*
la définition contractuelle de la société à l'idée
d'âme collective. Précaire victoire : les idéologies
les plus vivaces dans la première moitié du XXe siècle enseignent qu'« un peuple doit se faire une
conception de ses droits et de ses devoirs inspirée
par l'étude de son génie spécial, de son histoire, de
sa position géographique, des circonstances particulières dans lesquelles il se trouve, et non par les
commandements d'une soi-disant conscience de
tous les temps et de tous les lieux [1] ». Ce qui,
prévient Benda, risque de conduire « à la guerre la
plus totale et la plus parfaite que le monde aura
vue [2] ».

1. Benda, *La trahison des clercs, op. cit.*, pp. 80-81.
2. *Ibid.*, p. 152.

DEUXIÈME PARTIE

LA TRAHISON GÉNÉREUSE

C'est en novembre 1945, à Londres, que fut établi l'acte constitutif de l'organisation des Nations unies pour la science et la culture. A cette conférence préparatoire, convoquée par les gouvernements du Royaume-Uni et de la France, participaient les représentants d'une quarantaine de pays, animés, pour la plupart, d'une même préoccupation. Il s'agissait, selon la belle expression de Torres Bodet, alors délégué du Mexique, d' « aborder dans l'histoire humaine une ère distincte de celle qui venait de prendre fin [1] ». Un ordre du monde dans lequel nul État ne pourrait tirer un rideau autour de sa population ni « l'endoctriner systématiquement à l'aide de quelques idées étroites et rigides [2] ». Une époque où régnerait « un véritable esprit de paix [3] »

1. *Conférence des Nations unies en vue de la création d'une organisation des Nations unies pour la science et la culture*, Londres, 1945, p. 50.
2. *Ibid.*, Clement Attlee, p. 34.
3. *Ibid.*, Léon Blum, p. 35.

parce que les idées circuleraient librement d'une nation à l'autre, et parce que, au lieu d'être dressés, abêtis, manipulés par les idéologies totalitaires, les individus seraient éduqués à se servir de leur raison.

C'est, en effet, l'épreuve sans exemple du nazisme qui inspira les fondateurs de l'Unesco. Ce régime ayant jeté le monde dans la guerre en s'appuyant tout ensemble sur le despotisme, c'est-à-dire la suppression des libertés, et sur l'obscurantisme, c'est-à-dire l'exploitation du préjugé et de l'ignorance, la nouvelle institution mondiale était chargée de veiller à la liberté d'opinion et d'aider à vaincre les opinions aberrantes, les doctrines qui prolongent la haine en système de pensée ou qui donnent un alibi scientifique à la volonté de puissance. Son rôle devait donc être de protéger la pensée contre les abus du pouvoir et d'éclairer les hommes pour empêcher à jamais les démagogues d'égarer leur pensée.

En liant le progrès moral de l'humanité à son progrès intellectuel, en se situant sur le double terrain *politique* de la défense des libertés, et *culturel* de la formation des individus, les responsables gouvernementaux et les grandes autorités intellectuelles réunis à Londres renouaient spontanément avec l'esprit des Lumières. L'ère distincte dont ils espéraient favoriser l'émergence s'enracinait philosophiquement dans le XVIII\ :sup:`e` siècle, et ils pensaient l'Unesco sous le patronage implicite de Diderot, de Condorcet ou de Voltaire. Ce sont ces auteurs, en effet, qui nous ont appris que si la liberté était un droit universel, seul pouvait être dit libre un homme éclairé. Ce sont eux qui ont formulé vis-à-vis de la puissance publique ces deux exigences indissociables : respecter l'autonomie des individus et leur offrir, par l'instruction, le moyen d'être effectivement autonomes. « Quand bien même la liberté serait respectée en apparence et conservée dans le livre de la loi, écrivait par exemple Condorcet, la prospérité publique n'exige-t-elle pas que le peuple soit en état de connaître ceux qui sont capables de la maintenir, et l'homme qui, dans les actions de la vie commune, tombe, par le défaut de lumières, dans la dépendance d'un autre homme, peut-il se dire véritablement libre [1] ? »

Au lendemain de la victoire sur Hitler, l'ombre tutélaire des Philosophes semble planer sur l'acte constitutif de l'Unesco et en dicter les termes à ses rédacteurs. Ceux-ci fixent, en effet, pour objectif à l'Organisation d' « assurer à tous le plein et égal accès à l'éducation, la libre poursuite de la vérité objective et le libre échange des idées et des connaissances ». Et ils attendent de cette coopéra-

---

1. Condorcet, *Sur la nécessité de l'instruction publique,* cité in Catherine Kintzler, *Condorcet (L'instruction publique et la naissance du citoyen),* Le Sycomore, 1984, p. 270.

optimiste béat 75

tion culturelle qu'elle donne au monde les moyens de résister victorieusement aux assauts contre la dignité de l'homme.

• Quel homme ? Le sujet abstrait et universel de la Déclaration des droits de l'homme et du citoyen ? La réalité incorporelle, l'être sans être, la créature sans chair, sans couleur et sans qualité qui peuple les grands discours universalistes ? L'individu, moins tout ce qui le distingue ? Dès les premières conférences de l'Unesco, l'ordre du jour change imperceptiblement : la critique des Lumières prend le relais de la critique du fanatisme. La remise en question de l'humanisme abstrait prolonge et radicalise la réflexion menée à Londres sur les moyens d'immuniser le monde contre les doctrines tendant à nier l'unité du genre humain. Après les juristes et les hommes de lettres, ce sont les ethnologues qui apportent leur témoignage, et ils réclament de l'humanisme un effort supplémentaire pour être vraiment humain, c'est-à-dire pour englober dans le respect des personnes humaines les formes concrètes de leur existence.

Exemplaire est, à cet égard, le texte écrit par Claude Lévi-Strauss en 1951 sur une commande de l'Unesco et intitulé *Race et histoire*. Sacrifiant à un exercice qui était en passe de devenir rituel, Lévi-Strauss commence par retirer toute valeur opératoire au concept de race. Les différences qui existent entre les groupes humains tiennent, écrit-il, « à des circonstances géographiques, historiques et sociologiques, non à des aptitudes distinctes liées à la constitution anatomique ou physiologique des noirs, des jaunes ou des blancs [1] ». Mais, ajoute aussitôt Lévi-Strauss, il ne suffit pas de distinguer l'héritage social du patrimoine héréditaire, de soustraire les styles de vie à toute prédestination génétique, de combattre la biologisation des différences – encore faut-il savoir s'opposer à leur hiérarchisation. Les multiples formes que l'humanité se donne à elle-même dans le temps ou dans l'espace ne peuvent être classées par ordre de perfection croissante : elles ne sont pas les jalons d'une marche triomphale, « les *stades* ou les *étapes* d'un développement unique qui, partant du même point, doit les faire converger vers le même but [2] ». La tentation de placer les communautés humaines sur une échelle de valeurs dont on occupe soi-même le sommet, est scientifiquement aussi fausse, et aussi pernicieuse moralement que la division du genre humain en entités anatomico-physiologiques closes.

Or, les penseurs des Lumières ont, selon Lévi-Strauss, succombé à cette tentation. Enivrés tout à la fois par le développement de la connaissance, le

1. Lévi-Strauss, « Race et histoire » in *Anthropologie structurale II*, Plon, 1973, p. 378.
2. *Ibid.*, p. 385.

progrès technique et le raffinement des mœurs que connaissait l'Europe du XVIIIe siècle, ils ont créé pour en rendre compte le concept de *civilisation*. C'était faire de leur condition présente un modèle, de leurs habitudes particulières des aptitudes universelles, de leurs valeurs des critères absolus de jugement et de l'Européen maître et possesseur de la nature, l'être le plus intéressant de la création. Cette vision grandiose d'une ascension continue, d'une raison s'accomplissant dans le temps et dont l'Occident était en quelque sorte le fer de lance, reçut au siècle suivant la caution de l'ethnologie naissante. Voici par exemple, ce qu'écrivait Morgan dans *La société archaïque* : « On peut assurer maintenant, en s'appuyant sur des preuves irréfutables, que la période de l'état sauvage a précédé la période de barbarie dans toutes les tribus de l'humanité, de même que l'on sait que la barbarie a précédé la civilisation. L'histoire de l'humanité est une quant à la source, une quant à l'expérience, une quant au progrès [1]. »

C'est forts de cette certitude que les Européens ont, à la fin du XIXe siècle, accompli leur œuvre de colonisation. L'Europe rationnelle et technicienne incarnant le progrès face aux autres sociétés humai-

1. Cité in Philippe Beneton, *Histoire de mots : culture et civilisation,* Presses de la fondation nationale des sciences politiques, 1975, p. 47.

78

nes, la conquête apparaissait comme le moyen tout
ensemble le plus expéditif et *le plus généreux* de
faire entrer les retardataires dans l'orbite de la
civilisation. Une mission incombait aux nations
évoluées : hâter la marche des non-Européens vers
l'instruction et le bien-être. Il fallait, pour le salut
même des peuples primitifs, résorber leur différence – c'est-à-dire leur arriération – dans l'universalité occidentale.

Mais depuis qu'ils ont découvert la complexité
des traditions et des règles de vie dans les sociétés
dites primitives (grâce en partie aux opportunités
créées par l'expansion coloniale elle-même), les
anthropologues, comme l'atteste Lévi-Strauss, ne
jouent plus le jeu. Après avoir flatté l'orgueil de
l'Europe, ils s'appliquent désormais à nourrir sa
mauvaise conscience. Le sauvage, le barbare, le
primitif : autant de poncifs haineux ou condescen-
dants qu'ils dépossèdent de toute validité intellectuelle. Avec ces caricatures, ce qui tombe, c'est
l'idée d'une évolution linéaire de l'humanité, c'est
la discrimination entre peuples retardés et peuples
évolués. Ainsi, plus l'Occident affirme sa prééminence mondiale, plus s'approfondit le doute ethno-
logique sur la légitimité de cette domination. Et au
moment où l'Unesco se propose d'aborder un
chapitre nouveau de l'histoire humaine, Lévi-
Strauss rappelle, au nom de sa discipline, que l'ère
dont il s'agit de sortir est marquée par la colonisa-

79

le délire biologique ! /

N.B.

tion aussi bien que par la guerre, par la superbe de l'Occident niant les autres versions possibles de l'humanité aussi bien que par l'affirmation nazie d'une hiérarchie naturelle entre les êtres, par la mégalomanie du progrès tout autant que par le délire biologique. Et d'ailleurs fonder en nature la variété des modes d'existence, ou les fondre dans un processus général de développement de la connaissance, des libertés et des technologies, c'est tout un : dans les deux cas, selon Lévi-Strauss, le même *ethnocentrisme* est à l'œuvre et dit : « Ce qui n'est pas moi – race inférieure ou forme dépassée de l'évolution sociale – est moins bien que moi. » Pour en finir avec l'infatuation de l'homme blanc, il importe donc de compléter la critique de la race par la remise en cause de la civilisation. L'humanité n'est ni identique à elle-même, ni compartimentée en groupes dotés de traits héréditaires communs. Il y a bien multiplicité, mais elle n'est pas raciale; il y a bien civilisation, mais elle n'est pas unique. L'ethnologie parle donc de *cultures,* au pluriel, et au sens de « styles de vie particuliers, non transmissibles, saisissables sous forme de productions concrètes – techniques, mœurs, institutions, croyances – plutôt que de capacités virtuelles, et correspondant à des *valeurs* observables au lieu de *vérités* ou supposées telles [1] ».

N.B.

1. Lévi-Strauss, *Le regard éloigné,* Plon, 1983, p. 50.

Éclairer l'humanité pour conjurer les risques de régression dans la barbarie : Lévi-Strauss reprend à son compte la solennelle ambition des fondateurs de l'Unesco, mais il la retourne contre la philosophie à laquelle ceux-ci font allégeance. Dans le procès intenté à la barbarie, les Lumières siègent désormais au banc des accusés, et non plus à la place que leur réservaient tout naturellement Léon Blum ou Clement Attlee : celle du procureur. L'objectif demeure le même : détruire le préjugé, mais pour l'atteindre, il ne s'agit pas d'ouvrir les autres à la raison, il faut s'ouvrir soi-même à la raison des autres. L'ignorance sera vaincue le jour où, plutôt que de vouloir étendre à tous les hommes la culture dont on est dépositaire, on saura faire le deuil de son universalité; où, en d'autres termes, les hommes dits civilisés descendront de leur promontoire imaginaire et reconnaîtront avec une humble lucidité qu'ils sont eux-mêmes une variété d'indigènes. Car l'obscurantisme – qui reste l'ennemi – se définit par « le refus aveugle de ce qui n'est pas nôtre [1] », et non par la résistance que rencontre dans le monde la propagation de nos valeurs et de notre forme à nous de discernement. Le Mal provenait selon Condorcet de la scission du genre humain en deux classes : celle des hommes qui croient et celle

1. Lévi-Strauss, *Tristes Tropiques,* Plon, coll. Terre humaine, 1955, p. 461.

tout de même Lévi-Strauss a dit
de belles choses et monte dans mon
estime

Les Lumières : les défenseurs exclusifs de la rationalité

des hommes qui raisonnent. Pensée sauvage ou pensée savante, *logos* ou sagesse barbare, bricolage ou formalisation – tous les hommes raisonnent, rétorque Lévi-Strauss, les plus crédules et les plus néfastes étant ceux qui se considèrent comme les détenteurs exclusifs de la rationalité. Le barbare, ce n'est pas le négatif du civilisé, « c'est d'abord l'homme qui croit à la barbarie [1] », et la pensée des Lumières est coupable d'avoir installé cette croyance au cœur de l'Occident en confiant à ses représentants l'exorbitante mission d'assurer la promotion intellectuelle et le développement moral de tous les peuples de la terre.

LA DEUXIÈME MORT DE L'HOMME

Et Lévi-Strauss fait école. A l'instar de l'anthropologie structurale – et chacune sur son propre terrain –, toutes les sciences humaines pourchassent l'ethnocentrisme. C'est le cas, en premier lieu, de l'histoire : afin de purger le présent de tout impérialisme culturel, les historiens ne déroulent plus le fil du temps, ils le brisent et nous enseignent à *ne pas* retrouver dans nos ancêtres l'image ou l'esquisse

1. Lévi-Strauss, « Race et histoire », *op. cit.*, p. 384.

de nous-mêmes. A l'encontre de leur vocation traditionnelle qui était de nous rendre la mémoire de notre passé, ils dérobent celui-ci à notre emprise, ils marquent la coupure qui nous en sépare, ils le montrent dans son altérité radicale, décevant ainsi nos prétentions englobantes. Selon la forte expression de Michel Foucault, ils travaillent à « mettre en morceaux tout ce qui permettait le jeu consolant des reconnaissances[1] ». Tout, c'est-à-dire la permanence de l'être comme le devenir de l'esprit, la stabilité de la nature humaine aussi bien que le schéma linéaire d'une maturation ou d'un développement continu. C'est ainsi que le savoir historique investit avec prédilection les domaines en apparence aussi constants que la sexualité, le sentiment, la vie familiale, les façons d'être, de manger, de mourir – et y fait apparaître des disparités irréductibles. Des pratiques hétérogènes surgissent là où nous croyions avoir affaire à des invariants. Un kaléidoscope de différences s'offre à notre regard en lieu et place du processus ascendant auquel nous avions coutume d'identifier l'histoire. Les réalités que nous tenions pour naturelles sont constituées en objets historiques, mais surtout la chronologie elle-même est dégagée de toute perspective de progrès. Bref, les historiens déploient l'aventure

---

1. Michel Foucault, « Nietzsche, la généalogie, l'histoire », in *Hommage à Jean Hyppolite,* P.U.F., 1971, p. 160.

humaine dans sa dispersion, au lieu de la ramener à une forme unique ou de l'inscrire sur une même ligne évolutive. Et par cette attention aux discontinuités, par ce refus de soumettre le passé, le présent et le futur à une direction unique, par cette essentielle *désorientation de l'histoire,* ils poursuivent dans le temps le même objectif que les ethnologues dans l'espace : faire justice, une fois pour toutes, de l'idée à la fois égocentrique et naïve selon laquelle « l'homme est tout entier réfugié dans un seul des modes historiques ou géographiques de son être » (Lévi-Strauss). Tandis que les uns se refusent à faire une hiérarchie entre les diverses formes actuelles de vie collective, les autres s'acharnent contre la trompeuse continuité du temps humain.

La confrontation avec les époques antérieures prolonge ainsi le travail de sape opéré par les enquêtes sur les lointaines tribus d'Amazonie. Le roi est nu : nous autres, Européens de la seconde moitié du XXᵉ siècle, nous ne sommes pas la civilisation mais une culture particulière, une variété de l'humain fugitive et périssable.

Et cette culture est elle-même plurielle, précise aussitôt la sociologie. Sous l'effet de la lutte anticoloniale, les sociologues les plus influents et les plus audacieux des années soixante combinent l'approche marxiste avec celle de l'ethnologie. Ils découvrent une société divisée en classes, et des classes

N.B.

84

dotées chacune d'un univers symbolique distinct. Ces classes se combattent, disent-ils comme Marx, et leurs univers se valent, ajoutent-ils en s'inspirant de Lévi-Strauss : « La sélection de significations qui définit objectivement la culture d'un groupe ou d'une classe comme système symbolique est arbitraire en tant que la structure et les fonctions de cette culture ne peuvent être déduites d'aucun principe universel, physique, biologique ou spirituel, n'étant unies par aucune espèce de relation interne à la " nature des choses " ou à une " nature humaine " [1]. »

Il est vrai qu'entre toutes ces cultures, une seule est reconnue comme légitime. Mais attention, nous dit le sociologue, gare aux évidences familières! La prééminence de cette culture s'explique par la position dominante de la classe dont elle est issue et dont elle exprime la spécificité – non par la supériorité intrinsèque de ses productions ou de ses valeurs. Les classes dominées subissent une humiliation analogue dans son principe et dans ses effets à celle que les grandes métropoles européennes infligent aux peuples colonisés. Leurs traditions sont déracinées, leurs goûts tournés en dérision, tous les savoirs qui font la substance et la positivité

1. Pierre Bourdieu et Jean-Claude Passeron, *La reproduction* (*Éléments pour une théorie du système d'enseignement*), Éditions de Minuit, 1970, p. 22.

de l'expérience populaire – « savoir du vent qui tourne, de la terre riche en signes secrets, des matières maniables ou non, de la chattée qui pressent le froid prochain [1] » – sont exclus sans pitié de la culture légitime. Il s'agit, dit-on, d'assurer la communication universelle des connaissances et d'apporter les Lumières à ceux qui en sont privés. Beau projet, mais qui dissimule, aux yeux du sociologue, une opération en deux temps beaucoup moins reluisante : *déracinement* d'abord, arrachement des êtres à ce réseau d'habitudes et d'attitudes qui constitue leur identité collective ; *dressage* ensuite, inculcation des valeurs dominantes élevées à la dignité de significations idéales. Cultiver la plèbe, c'est l'empailler, la purger de son être authentique pour la remplir aussitôt avec une identité d'emprunt, exactement comme les tribus africaines se retrouvent affublées d'ancêtres gaulois, par la grâce du colonialisme. Et le lieu où s'exerce cette « violence symbolique » est celui-là même que les philosophes des Lumières ont érigé en instrument par excellence de libération des hommes : l'école.

N.B.

Un exemple : dans l'immense masse verbale que produit notre société, quelques rares discours sont désignés à l'admiration générale et accèdent au statut d'objet d'enseignement. Ces discours, on les appelle littéraires. Pourquoi ceux-là plutôt que

---

1. Jean-Claude Milner, *De l'école,* Seuil, 1984, p. 14.

d'autres? Parce qu'ils auraient des propriétés spécifiques, une supériorité palpable et reconnue par tous, une beauté qui les hausserait nécessairement au-dessus de la parole moyenne? L'analyse structurale découvre (ou, du moins, croit découvrir) qu'il n'en est rien et que tous les récits du monde – qu'ils soient ou non frappés de l'estampille « littérature » – font référence à un système unique d'unités et de règles. Sous l'œil égalisateur de la science, les hiérarchies sont abolies, tous les critères de discrimination sont contraints d'avouer leur arbitraire : nulle barrière ne sépare plus les chefs-d'œuvre du tout-venant; la même structure fondamentale, les mêmes traits généraux et élémentaires se retrouvent dans les « grands » romans (dont l'excellence est désormais assortie de guillemets démystificateurs) et dans les formes plébéiennes de l'activité narrative. C'est la leçon de l'anthropologie : « Les sociétés humaines comme les individus – dans leurs jeux, leurs rêves ou leurs délires – ne créent jamais de façon absolue, mais se bornent à choisir certaines combinaisons dans un répertoire idéal qu'il serait possible de reconstituer[1]. » On ne rencontre pas deux mythes, deux rêves, deux délires ou deux confessions semblables, mais, affirment les structuralistes, ces différences ne donnent aucun droit à des jugements de valeur, puisqu'elles sont les

1. Lévi-Strauss, *Tristes Tropiques, op. cit.*, p. 203.

variantes de la même activité combinatoire. Conclusion : la définition de l'art est un « enjeu de lutte entre les classes [1] » et si tel texte est sacralisé et offert à l'étude, c'est parce qu'à travers lui le groupe dominant prescrit sa vision du monde à l'ensemble social. Il y a de la violence au fondement de toute valorisation.

Ainsi la théorie sociologique transfère à l'intérieur même des sociétés occidentales le scénario mis au point par l'anthropologie pour décrire le rapport que l'Occident entretient avec les populations non européennes. Dans les deux cas, en effet, c'est l'ethnocentrisme qui sévit : un « arbitraire culturel » s'arroge le monopole de la légitimité, dévalorise les modes de pensée, les savoir-faire et les arts de vivre qui ne sont pas les siens, et les rejette dans les ténèbres de la sauvagerie ou de l'ignorance.

La découverte du Nouveau Monde, on le sait, est à l'origine de l'humanisme. Au contact des peuples exotiques, l'esprit de comparaison s'introduisit dans la citadelle religieuse et ruina peu à peu l'autorité de la Révélation. En sortant de leurs frontières, en voyant « de jour en jour un nouveau culte, diverses mœurs, diverses cérémonies », comme dit La Bruyère dans son chapitre des *Esprits forts,* les

---

1. Pierre Bourdieu, *La distinction (Critique sociale du jugement),* Éditions de Minuit, 1979, p. 50.

Européens prirent conscience de la relativité de leurs propres croyances, et du fait que l'homme pouvait tenir tout seul, agir, réfléchir, distinguer le bien du mal, sans la lumière de la foi. Libre de Dieu, le sujet pensant devint le fondement du monde et la source des valeurs.

Au XX⁰ siècle, ce n'est plus Dieu, c'est l'homme même que la redécouverte des sociétés sans écriture invite à remettre en question. Les ethnologues, en effet, dénoncent le double mensonge de l'homme en progrès et de l'homme immuable. Pour ces voyageurs attentifs, les Européens n'ont jamais fait jusqu'à présent que projeter sur les peuples allogènes leurs rêves, leur arrogance ou leur idée de la raison. Quand ils ne méprisaient pas ces peuples pour leur arriération, ils en ont fait de bons sauvages : c'était, de toute façon, les dépouiller de leurs caractères originaux et se servir d'eux, en les investissant d'une fonction mythique, pour *naturaliser* la culture occidentale. Disant : « Je suis l'Homme », celle-ci pouvait alors, en toute bonne conscience, avaler le reste du monde. Si l'on veut maintenant que la baleine occidentale restitue ce qu'elle a incorporé, il ne suffit pas d'octroyer l'*indépendance* aux peuples assujettis, il faut encore prononcer l'*équivalence* des cultures.

Et il y a deux manières d'opérer cette égalisation : certains s'efforcent de montrer que les multiples versions de l'humain procèdent, en dernière instance, d'une logique inconsciente, intemporelle et anonyme dont « les formes sont fondamentalement les mêmes pour tous les esprits, anciens et modernes, primitifs et civilisés [1] ». D'autres, plus tranchants, récusent cette hypothèse d'une logique commune et concluent comme Michel Foucault à « l'absolue dispersion [2] » des systèmes de pensée et des pratiques sociales. Dans tous les cas, l'homme meurt comme sujet autonome et devient le champ d'action de forces ou de structures qui échappent à son appréhension consciente : « Où " ça parle ", dit très justement Foucault, l'homme n'existe plus [3]. » L'œuvre politique de la décolonisation s'accompagne ainsi d'une révolution dans l'ordre de la pensée : l'homme, ce « concept unitaire de portée universelle [4] », cède la place à la diversité sans hiérarchie des personnalités culturelles.

Mais ce n'est pas la première fois qu'une telle révolution a lieu : Spengler se vantait de l'avoir accomplie, et avant lui Herder reprochait, on s'en souvient, à Voltaire et à ses épigones de prendre leurs valeurs pour des lanternes et d'uniformiser le

---

1. Lévi-Strauss, *Anthropologie structurale*, Plon, rééd. 1974, p. 28.
2. Michel Foucault, *Les mots et les choses*, Gallimard, 1966, p. 397.
3. Foucault, « L'homme est-il mort ? », *Arts*, 15 juin 1966, cité in Luc Ferry, Alain Renaut, *La pensée 68*, Gallimard, 1985, p. 41.
4. Edmund Leach, *L'unité de l'homme* et autres essais, Gallimard, 1980, p. 388.

Herder vs Voltaire

monde sous prétexte de l'éclairer. A l'homme, cette hypostase du Français, il opposait déjà l'inépuisable diversité des particularismes. En dénonçant la foncière inhumanité de l'humanisme, et en traquant le particulier, l'historique, le régional derrière tout ce qui se donne l'apparence de l'universalité – *la philosophie de la décolonisation* renoue donc avec Herder. La même scène se joue à nouveau sur une autre échelle. Ce n'est plus la France qui est en cause, c'est l'Occident, aussi bien dans ses rapports avec le dehors que dans ses règles internes de fonctionnement. Mais l'alternative est identique : l'Homme ou les Différences, et la philosophie de la décolonisation combat l'ethnocentrisme avec les arguments et les concepts forgés dans sa lutte contre les Lumières par le romantisme allemand.

Entendons-nous : ce retour à la notion romantique de culture est inspiré par une volonté d'expiation et non par un sursaut d'orgueil tribal. Comme Herder, les antihumanistes contemporains montrent que l'homme n'est pas seulement un bel idéal, mais une fiction utile, un prétexte commodément invoqué par une civilisation singulière pour imposer sa loi. Comme Herder encore, ils débusquent sous le fantôme métaphysique célébré par la pensée des Lumières un être éminemment matériel : le sujet haussé par l'Occidental au-dessus de la durée et de l'espace a, en fait, un corps, une identité, une histoire. Comme Herder enfin, ils estiment que

« les hommes n'agissent pas, en tant que membres du groupe conformément à ce que chacun ressent comme individu : chaque homme ressent en fonction de la manière dont il lui est permis ou prescrit de se conduire. Les coutumes sont données comme normes externes, avant d'engendrer des sentiments internes et ces normes insensibles déterminent les sentiments individuels, ainsi que les circonstances où ils pourront, ou devront se manifester [1] ». Mais Herder parlait avant tout pour les siens; les philosophes de la décolonisation *parlent pour l'Autre*. Réglant ses comptes à leur propre tradition, ils s'efforcent de dissiper l'illusion de maîtrise totale où s'est longtemps complue l'Europe. Contre le moi collectif, ils prennent sans hésitation le parti du non-moi, du proscrit, de l'exclu, de l'homme du dehors. Ils veulent réhabiliter l'étranger; voilà pourquoi ils abolissent toute communauté de conscience entre les hommes. S'ils se posent dans ce qui les distingue des autres cultures, c'est afin de rendre à celles-ci la dignité dont les a spoliés l'impérialisme occidental. S'ils pratiquent la recension des différences, c'est pour réparer les torts de leur propre civilisation, pour désarmer la volonté de puissance de la société qui les a vus naître et pour guérir la philosophie de sa propension à toujours traduire l'autre dans la langue du même. S'ils exaltent la

1. Lévi-Strauss, *Le totémisme aujourd'hui*, P.U.F., 1962, p. 101.

multiplicité des raisons particulières, c'est pour ramener celle dont ils relèvent à plus d'ouverture et plus de modestie. Xénophiles, ils épousent la cause des humbles et des déshérités, ils décrètent la mort de l'Homme au nom de l'homme différent, et des mobiles rigoureusement contraires à ceux que stigmatisait Julien Benda dans *La trahison des clercs,* les incitent à prononcer, à leur tour, la déchéance des valeurs universelles.

PORTRAIT DU DÉCOLONISÉ

La philosophie de la décolonisation a aidé, sans aucun doute, les peuples du Tiers Monde à s'affranchir de la table des valeurs au nom de laquelle avait pu se faire leur asservissement. Les élites d'Afrique et d'Asie qui avaient intériorisé le regard du colonisateur ont trouvé un recours contre l'aliénation dans l'idée que les cultures sont équivalentes et que chacune se justifie à l'intérieur de son propre contexte. Les sciences humaines ayant fait droit à d'autres critères que la technique pour mesurer le degré d'avancement d'un peuple, l'ultime raison d'être de la supériorité européenne s'écroulait, l'Occident cessait définitivement de fasciner ses victimes. « Kilométrages de routes, de canaux, de chemins de fer », « tonnage de coton ou de cacao

exporté, hectares d'oliviers ou de vignes plantés »,
« maladies guéries, niveaux de vie élevés au-dessus
d'eux-mêmes [1] » – ces arguments statistiques traditionnellement invoqués pour justifier l'œuvre coloniale perdaient leur pouvoir d'intimidation en
même temps que volaient en éclats les lieux communs sur la psychologie de l'indigène. Des coutumes méprisées en vertu d'une conception simplifi-
catrice du progrès retrouvaient leur légitimité perdue; occulté ou disqualifié par la marche forcée
que l'Occident s'était cru en droit de prescrire à
l'histoire, tout un passé sortait de l'ombre; des
« millions d'hommes arrachés à leurs dieux, à leur
terre, à leurs habitudes, à leur vie, à la vie, à la
danse, à la sagesse [2] » rentraient en possession
d'eux-mêmes : ils n'étaient plus des sauvages ou des
barbares en attente du salut mais les dépositaires
d'une tradition vénérable.

Sous l'égide de la philosophie de la décolonisation, le concept de culture qui avait été l'emblème
de l'Occident impérialiste, se retournait contre
celui-ci et qualifiait précisément les sociétés sur
lesquelles s'exerçait sa tutelle. Le thème de l'identité culturelle permettait donc aux colonisés de se
dégager du mimétisme, de substituer à la dégra-
dante parodie de l'envahisseur l'affirmation de leur

1. Aimé Césaire, *Discours sur le colonialisme,* Présence africaine,
1955, pp. 19-20.
2. *Ibid.,* p. 20.

différence, et de renverser en sujet de fierté les façons d'être dont on voulait leur faire honte. Cette même idée, cependant, les dessaisissait de tout pouvoir face à leur propre communauté. Ils ne pouvaient prétendre se situer en dehors, à l'abri de ses impératifs, à l'écart de ses coutumes, puisque c'est justement de ce malheur-là qu'ils avaient voulu se délivrer en secouant le joug de la colonisation. Accéder à l'indépendance, c'était d'abord, pour eux, retrouver leur culture. Il est logique que la majorité des États nés sous de tels auspices se soient fixé pour objectif de concrétiser ces retrouvailles. C'est-à-dire d'arrimer solidement les individus au collectif. De cimenter l'unité de la nation. De garantir sans faiblesse l'intégrité et la cohésion du corps social. De veiller, sous le nom de culture, à ce que nulle critique intempestive ne vienne troubler *le culte des préjugés séculaires*. Bref, d'assurer le triomphe définitif de l'esprit grégaire sur les autres manifestations de l'esprit.

Comme le montre Hélé Béji dans *Désenchantement national* – un livre admirable et méconnu –, cette force de résistance que représentait l'identité culturelle sous le règne des colons, s'inverse, dès leur départ, en instrument de domination : « Tant qu'il s'agit de me défendre contre la présence physique de l'envahisseur, la force de mon identité m'éblouit et me rassure. Mais dès lors qu'à cet envahisseur se substitue l'identité elle-même, ou

95

plutôt ma propre effigie (nationale) postée sur l'axe de l'autorité, et m'enveloppant de son regard, je ne devrais plus avoir en toute logique le droit de la contester [1]. » On ne se révolte pas contre soi : l'indépendance enferme ses bénéficiaires dans une contrainte d'unanimité qui succède sans transition à l'autorité étrangère. Rendus à eux-mêmes, les anciens colonisés se retrouvent captifs de leur appartenance, transis dans cette identité collective qui les avait affranchis de la tyrannie et des valeurs européennes. A peine ont-ils dit : « Nous avons gagné », qu'ils perdent le droit de s'exprimer autrement qu'à la première personne du pluriel. Nous : c'était le pronom de l'authenticité retrouvée, c'est désormais celui de l'homogénéité obligatoire ; c'était l'espace chaleureux de la fraternité combattante, c'est le glacis où la vie publique s'étiole et se fige ; c'était la naissance à elle-même d'une communauté, c'est la disparition de tout intervalle et donc de toute possibilité de confrontation entre ses membres ; c'était un cri de révolte, c'est le soliloque du pouvoir. Il n'y avait pas de place pour le sujet collectif dans la logique coloniale ; il n'y a pas, dans la logique identitaire, de place pour l'individu.

Le gouvernement de parti unique est la traduction politique la plus adéquate du concept d'identité culturelle. Si l'indépendance des anciennes colonies

1. Hélé Béji, *Désenchantement national,* La Découverte, 1982, p. 118.

n'a pas entraîné dans son sillage l'épanouissement du droit mais l'uniformisation des consciences, le gonflement d'un appareil et d'un parti, c'est aux valeurs mêmes de la lutte anticoloniale qu'on le doit, et non à leur trahison par la bourgeoisie autochtone ou à leur confiscation au profit des puissances européennes. Le passage du chaud révolutionnaire au froid bureaucratique s'est fait de lui-même, sans l'intervention d'un tiers malveillant, et le désenchantement national, si lucidement décrit par Hélé Béji, est imputable avant tout à l'idée de nation qui a prévalu dans le combat mené contre la politique impériale de l'Occident.

Il suffit, pour s'en convaincre, de relire *Les damnés de la terre*. Dans ce livre écrit en pleine ferveur insurrectionnelle, Frantz Fanon place l'individualisme au premier rang des valeurs ennemies : « L'intellectuel colonisé avait appris de ses maîtres que l'individu doit s'affirmer. La bourgeoisie colonialiste avait enfoncé à coups de pilon dans l'esprit du colonisé l'idée d'une société d'individus où chacun s'enferme dans sa subjectivité, où la richesse est celle de la pensée. Or le colonisé qui aura la chance de s'enfouir dans le peuple pendant la lutte de libération va découvrir la fausseté de cette théorie [1]. » Dissociés par leur oppresseur, atomisés, condamnés à l'égoïsme du « chacun pour

1. Frantz Fanon, *Les damnés de la terre,* Maspero, 1961, p. 33.

97

soi », les colonisés éprouvent en combattant l'extase de l'indifférenciation. Le monde illusoire et maladif de la dispersion des volontés fait place à l'unité totale. Au lieu de tendre obstinément vers l'auto-affirmation, ou de cultiver stérilement leurs particularités, les hommes s'immergent dans la « marée populaire [1] ». Abdiquant toute pensée propre, ils retournent dans le giron de leur communauté. La pseudo-réalité individuelle est abolie : chacun se retrouve pareil aux autres, porteur de la même identité. Le corps mystique de la nation absorbe les âmes : pourquoi les restituerait-il, une fois la souveraineté proclamée ? Par quel miracle l'individu, ressenti tout au long de la lutte de libération comme une pathologie de l'être, redeviendrait-il un principe positif, après la victoire ? Comment la totalité organique, l'unité indivise célébrée pendant le combat, se transformerait-elle, les armes déposées, en association de personnes autonomes ? Une nation dont la vocation première est d'anéantir l'individualité de ses citoyens ne peut pas déboucher sur un État de droit.

Frantz Fanon fait profession, et avec quelle véhémence, de répudier l'Europe. En fait, il prend parti dans le débat entre les deux idées de la nation qui a partagé la conscience européenne depuis la Révolution française. C'est le *Volk*, en effet, qu'il

---

1. *Ibid.*, p. 35.

oppose à la société des individus, c'est le génie national, « l'affirmation échevelée d'une originalité posée comme absolue [1] », qu'il entend substituer à la colonisation. Il peut bien « vomir à pleine gorge [2] » la culture de l'oppresseur et constater joyeusement que, chaque fois qu'il est question de valeurs occidentales, le colonisé « sort sa machette ou du moins s'assure qu'elle est à portée de sa main [3] », son livre s'inscrit expressément dans la lignée du *nationalisme européen*. Et la majorité des mouvements de libération nationale ont suivi la même voie : avec Fanon pour prophète, ils ont choisi la théorie ethnique de la nation aux dépens de la théorie élective, ils ont préféré l'identité culturelle – traduction moderne du *Volksgeist* – au « plébiscite de tous les jours » ou à l'idée d' « *association* séculaire ». Si, avec une régularité sans faille, ces mouvements de libération ont sécrété des régimes d'oppression, c'est parce qu'à l'exemple du romantisme politique, ils ont fondé les relations interhumaines sur le modèle mystique de la fusion, plutôt que sur celui – juridique – du contrat, et qu'ils ont pensé la liberté comme un attribut collectif, jamais comme une propriété individuelle.

A leur naissance, il est vrai, la plupart de ces nouveaux États combinaient le désir de restauration

1. *Ibid.*, p. 29.
2. *Ibid.*, p. 31.
3. *Ibid.*, p. 31.

la liberté, un attribut collectif

avec l'ambition révolutionnaire. Agressivement nationalistes, ils formaient en même temps la nouvelle Internationale des exploités. Jouant sur le double registre de l'ethnologisme et de la lutte des classes, ils revendiquaient tour à tour le titre de nations différentes et celui de nations prolétaires. Et tout en aspirant à retrouver leurs racines, ils voulaient hâter la naissance de l'homme nouveau. D'un côté, ils combattaient l'universalisme au nom de la diversité des cultures; de l'autre, ils le reprenaient en charge au nom de la révolution. Pour le dire autrement, les États postcoloniaux réconciliaient, à leur insu, Marx et Joseph de Maistre. Avec celui-ci, ils disaient : « L'Homme n'existe pas, il n'y a pas de paradigme culturel commun à l'humanité; seules ont une réalité (et une valeur) les différentes traditions nationales. » Mais comme celui-là, ils disaient également : « L'Homme n'existe pas *encore,* et c'est aux damnés de la terre qu'il incombe d'en réaliser l'avènement. »

Marx lui-même se serait sans doute offusqué de ces noces contre-nature avec le nationalisme. Pour l'auteur du *Manifeste communiste,* la cause était entendue : les prolétaires n'avaient pas de patrie. « La nationalité du travailleur, écrivait-il par exemple, n'est pas française, anglaise, allemande, elle est le *travail,* le *libre esclavage,* le *trafic de soi-même.* Son gouvernement n'est pas français, anglais, allemand, c'est le *capital.* L'air qu'il respire chez lui

100

n'est pas l'air français, anglais, allemand, c'est *l'air des usines*[1]. » Aux héritiers des Lumières qui croyaient pouvoir organiser les nations sur la base du *contrat*, Marx répondait que toute société était en fait régie par le *conflit* de la bourgeoisie et de la classe ouvrière. Aux romantiques désireux de ressusciter le génie national, il répliquait que la bourgeoisie, dans son cynisme sans rivages, avait dissous les anciennes attaches, rompu les loyautés traditionnelles, anéanti le caractère exclusif des diverses nations. A la place du contrat social, la division des classes ; à la place des particularismes, le marché mondial et l'interdépendance universelle. Qu'elle soit définie par la communauté de culture ou par la volonté des individus, la nation était pour Marx une forme condamnée, et son style vibrait même d'une véritable ferveur lyrique chaque fois qu'il évoquait l'unification du monde et la disparition de l'esprit de clocher.

Ce pronostic ayant été systématiquement invalidé durant la seconde moitié du XIXᵉ siècle européen, les successeurs de Marx furent contraints de revenir sur la question nationale. Après de longs débats entre austromarxistes, bundistes, bolcheviks et luxembourgistes, c'est la définition donnée en 1913 par Joseph Staline qui a fini par l'emporter : « La

1. Marx, « A propos du Système national de l'économie politique de Friedrich List », in *Œuvres III,* Gallimard, coll. La Pléiade, 1982, p. 1435.

nation est une communauté humaine, stable, histo-
riquement constituée, née sur la base d'une communauté de langue, de territoire, de vie économique et formation psychique qui se traduit dans une
communauté de culture [1]. »

Les nations sont têtues : Staline s'incline devant
la persistance de ce phénomène historique. Mais
cette conversion doctrinale ne va pas jusqu'au
reniement. Nation pour nation, il choisit le moindre mal, et contre la théorie élective, c'est la
conception ethnique qu'il accueille à l'intérieur de
la pensée révolutionnaire. Car il peut à la rigueur
admettre, à côté du déterminisme économique, le
conditionnement des hommes par la langue, par le
territoire, par la culture; mais ce qui est pour lui
totalement inacceptable, c'est qu'on fasse de l'appartenance nationale le fruit d'une adhésion rationnelle ou d'un libre consentement. Cette théorie est,
en effet, en contradiction flagrante avec le principe
fondamental du matérialisme historique : « Ce n'est
pas la conscience qui détermine la vie, c'est la vie
qui détermine la conscience [2]. »

Célébré à l'aube de la Révolution russe et réac-
tualisé lors de la lutte anticoloniale avec l'accès au
rang de cultures de peuples situés hors de l'aire

1. Staline, *Le communisme et la Russie,* Denoël, coll. Médiations,
1968, p. 85.
2. Marx, « L'idéologie allemande », in *Œuvres III, op. cit.,*
p. 1057.

européenne de civilisation, ce mariage du marxisme et du romantisme politique est aujourd'hui en train de se rompre. L'impérialisme soviétique ayant fait la preuve d'une voracité au moins égale à celle de l'impérialisme occidental, les États du Tiers Monde et les mouvements de libération nationale encore en activité rejettent de plus en plus fréquemment l'idéologie socialiste au bénéfice exclusif du *Volksgeist*. L'identité culturelle est à elle-même sa seule justification : le fondamentalisme balaye la phraséologie progressiste et l'invocation de la collectivité se passe désormais de toute référence à la révolution du prolétariat international.

Le communisme connaît donc un déclin qui semble inexorable : seulement, ce qui meurt avec lui, ce n'est pas la pensée totalitaire, c'est l'idée d'un monde commun à tous les hommes. Marx est vaincu, certes, mais par Joseph de Maistre. Aussi ne faut-il pas s'étonner si, comme l'écrit Octavio Paz, « dans ce qu'on appelle le Tiers Monde, sous divers noms et attributs règne un Caligula aux mille visages [1] ». Entre les deux modèles européens de la nation, le Tiers Monde a massivement adopté le pire. Et cela avec la bénédiction active des clercs occidentaux. C'est pour concrétiser en reconnaissance effective le respect proclamé de la personne humaine que l'ethnologie et avec elle l'ensemble

1. Octavio Paz, *Rire et pénitence*, Gallimard, 1983, p. 85.

des sciences sociales ont entrepris la critique de l'esprit des Lumières. C'est pour guérir les grands principes humanitaires de leur formalisme, de leur abstraction, de leur impuissance que, dès 1947, le bureau de l'American Anthropological Association soumettait aux Nations unies un projet de Déclaration des droits de l'homme dont le premier article était ainsi rédigé : « L'individu réalise sa personnalité par la culture : le respect des différences individuelles entraîne donc un respect des différences culturelles [1]. » L'impulsion était généreuse, mais aussi malhabile que celle de l'ours qui écrase la figure du jardinier pour chasser la mouche dont celui-ci était importuné pendant son sommeil. Au moment même, en effet, où l'on rend à l'autre homme sa culture, on lui ôte sa liberté : son nom propre disparaît dans le nom de sa communauté, il n'est plus qu'un échantillon, le représentant interchangeable d'une classe d'êtres particulière. Sous couleur de l'accueillir inconditionnellement, on lui refuse toute marge de manœuvre, toute échappatoire, on lui interdit l'originalité, on le piège insidieusement dans sa différence ; en croyant passer de l'homme abstrait à l'homme réel, on supprime entre la personne et la collectivité dont elle est issue, le jeu que laissait subsister et que s'efforçait

1. Cité in Pascal Bruckner, *Le sanglot de l'homme blanc,* Seuil, 1983, p. 194.

même de consolider l'anthropologie des Lumières; par altruisme, on fait de l'Autre un bloc homogène et on immole à cette entité *les autres* dans leur réalité individuelle. Une telle xénophilie conduit à priver les anciennes possessions de l'Europe de l'expérience démocratique européenne.

RACE ET CULTURE

L'identité culturelle a deux bêtes noires : l'individualisme et le cosmopolitisme. Écoutons encore une fois Frantz Fanon : « La faiblesse classique, quasi congénitale de la conscience nationale des pays sous-développés n'est pas seulement la conséquence de la mutilation de l'homme colonisé par le régime colonial. Elle est aussi le résultat de la paresse de la bourgeoisie nationale, de son indigence, de la *formation profondément cosmopolite de son esprit* [1]. »

Rien n'est donc joué avec l'indépendance : à la menace de désagrégation interne s'ajoute celle d'un retour subreptice de l'étranger et l'État national, à peine sorti des limbes, doit lutter constamment sur deux fronts : il lui faut par une censure vigilante

1. Frantz Fanon, *Les damnés de la terre, op. cit.,* p. 109. (Je souligne.)

assurer la fusion des volontés particulières, et sous-traire à toute adultération la collectivité spécifique dont il a la charge. « Tout ce qui est étranger, tout ce qui s'est introduit sans raison profonde dans la vie d'un peuple, devient pour lui cause de maladie et doit être extirpé s'il veut rester sain [1] », disaient déjà les romantiques allemands ; de la même façon, c'est la peur du mélange, l'obsession de la pureté, la hantise de la contamination que l'identité culturelle substitue à l'arrogance coloniale.

Adossé à l'universalité de sa civilisation, placé par ses propres soins au centre de l'histoire, l'homme blanc méprisait les peuples archaïques, végétant dans leur particularisme. Tout à la joie de sa particularité reconquise, le nationaliste du Tiers Monde défend celle-ci de la corruption extérieure : l'étranger est récusé parce qu'il est autre, non parce qu'il est arriéré. Pour le dire crûment : un racisme fondé sur la différence chasse le racisme inégalitaire des anciens colons.

Le mot racisme, en effet, est trompeur : il réunit sous un label unique deux comportements dont la genèse, la logique et les motivations sont complète-ment dissemblables. Le premier situe sur une même échelle de valeurs l'ensemble des nations qui peuplent la terre ; le second proclame l'incommen-surabilité des manières d'être ; le premier hiérar-

1. Joseph Görres, cité in Jacques Droz, *Le romantisme politique en Allemagne*, Armand Colin, 1963, p. 149.

chise les mentalités, le second pulvérise l'unité du genre humain; le premier convertit toute différence en infériorité, le second affirme le caractère absolu, indépassable, inconvertible des différences; le premier classe, le second sépare; pour le premier, on ne peut pas être persan, aux yeux du second, l'on ne peut pas être homme, car il n'y a pas entre le Persan et l'Européen de commune mesure humaine; le premier déclare que la civilisation est une, le second que les ethnies sont multiples et incomparables. Si le colonialisme est bien l'aboutissement du premier, le second culmine dans l'hitlérisme [1].

On voit mieux maintenant le vice fondamental de la philosophie de la décolonisation : elle a confondu deux phénomènes historiques distincts; elle a fait du nazisme une variante à usage interne du racisme occidental et n'a perçu dans cet épisode que l'application à l'Europe « des procédés colonialistes dont ne relevaient jusqu'ici que les Arabes d'Algérie, les coolies de l'Inde et les nègres d'Afrique [2] ». Résultat : c'est avec les armes du *Volksgeist* qu'elle a combattu les méfaits de l'ethnocentrisme, c'est tête baissée qu'elle a soutenu Frantz Fanon

---

1. Sur les deux racismes, voir, outre l'article inaugural de Jeanne Hersh, « Sur la notion de race » (*Diogène,* no 59, 1967), Pierre-André Taguieff, « Le néoracisme différentialiste », *Langage et société,* no 34, décembre 1985, et Arthur Kriegel, *La race perdue,* P.U.F., 1983.
2. Aimé Césaire, *Discours sur le colonialisme, op. cit.,* p. 12.

disant : « Le vrai, c'est ce qui protège les indigènes et perd les étrangers [...] et le bien est tout simplement ce qui leur fait mal[1] », alors même qu'en s'exprimant ainsi, l'auteur des *Damnés de la terre* répétait presque textuellement les attaques de Barrès contre la justice en soi ou la vérité absolue. « La vérité, c'est ce qui satisfait les besoins de notre âme », lit-on par exemple dans *Les déracinés*. Et dans *Mes cahiers* : « Il faut enseigner la vérité française, c'est-à-dire celle qui est le plus utile à la nation[2]. »

Sans doute le concept de race a-t-il été ruiné par les travaux convergents des sciences sociales et des sciences naturelles. Se hasarder, de nos jours, à fonder en nature les différences entre les collectivités humaines, c'est s'exclure aussitôt du savoir. Les découvertes irréfutables des biologistes et des ethnologues nous interdisent de penser que le genre humain est divisé en groupes ethniques clairement délimités, pourvus chacun de sa mentalité propre transmissible par l'hérédité. Entre l'inné et l'acquis nous avons appris à faire la part des choses et nous avons cessé d'inscrire dans le patrimoine génétique ce qui relève en fait de l'histoire ou de la tradition. Signe décisif d'une avancée tout à la fois intellectuelle et morale, nous discernons le caractère relatif

1. Fanon, *Les damnés de la terre, op. cit.,* p. 35.
2. Cité in Zeev Sternhell, *Maurice Barrès et le nationalisme français,* Complexe, Bruxelles, 1985, p. 268.

et transitoire des traits que l'on comptait naguère parmi les données éternelles de l'humanité. En somme, on ne nous la fait plus : l'argument biologique est désormais sans pertinence; des rituels religieux aux techniques industrielles, de la nourriture à la façon de s'habiller, des belles-lettres au sport par équipes, nous savons que tout est culturel.

Mais les inventeurs du génie national le savaient aussi. Ce sont eux qui, les premiers, ont opposé la variété irréductible des cultures à l'idée d'une nature humaine et qui ont transformé le monde immuable des philosophes en un paysage chatoyant fait de la juxtaposition des entités collectives. La théorie raciale qui est venue ensuite et par surcroît n'a fait que *naturaliser ce refus de la nature humaine,* et plus généralement de tout ce qui pourrait transcender la diversité des usages. Les particularités de chaque peuple ont été gravées dans les gènes, les « esprits » nationaux sont devenus des quasi-espèces dotées d'un caractère héréditaire, permanent et indélébile. Cette théorie s'est effondrée. Mais où est le progrès? Comme les chantres anciens de la race, les fanatiques actuels de l'identité culturelle consignent les individus dans leur appartenance. Comme eux, ils portent les différences à l'absolu, et détruisent, au nom de la multiplicité des causalités particulières, toute communauté de nature ou de culture entre les hommes. A Renan qui affirmait : « L'homme n'appartient ni à sa langue, ni à sa race ; il n'appartient qu'à lui-même car c'est un être libre, c'est-à-dire un être moral », Barrès faisait cette réponse : « Ce qui est moral, c'est de ne pas se vouloir libre de sa race [1]. » Croit-on qu'il suffit, pour réfuter Barrès, de retraduire son délire biologique en termes de différences culturelles, et de proclamer : ce qui est moral, c'est de ne pas se vouloir libre de sa culture, et de s'opposer coûte que coûte à l'infiltration de l'étranger ? A procéder ainsi, on perpétue, au contraire, le culte de l'âme collective apparu avec l'idée de *Volksgeist*, et dont le discours racial a été une version paroxystique et provisoire. Avec le remplacement de l'argument biologique par l'argument culturaliste, le racisme n'a pas été anéanti : il est simplement revenu à la case départ.

LE DOUBLE LANGAGE
DE L'UNESCO

En 1971, vingt ans après *Race et histoire,* l'Unesco invite Claude Lévi-Strauss à ouvrir par une grande conférence l'année internationale de lutte contre le

1. Voir Benda, *La trahison des clercs, op. cit.,* p. 56.

racisme. Tout le monde s'attendait à voir l'illustre anthropologue démontrer, une fois de plus, la nullité scientifique du concept de race. Déjouant les pronostics, Lévi-Strauss choisit de prendre le mot *race* au sérieux et de revenir sur la question ancienne des rapports entre race et culture. A l'aide des travaux les plus récents de la génétique des populations, il donne à ce problème une solution rigoureusement inverse à celle qu'avaient apportée les savants européens du XIXe siècle et de la première partie du XXe : « Ce sont les formes de culture qu'adoptent ici ou là les hommes, leurs façons de vivre telles qu'elles ont prévalu dans le passé ou prévalent encore dans le présent, qui déterminent dans une très large mesure, le rythme de leur évolution biologique et son orientation. Loin qu'il faille se demander si la culture est ou non fonction de la race, nous découvrons que la race – ou ce que l'on entend généralement par ce terme – est une fonction parmi d'autres de la culture [1]. »

Malgré ce renversement, l'assertion fait scandale. Lévi-Strauss choque son auditoire. Lui qui, avec *Race et histoire,* avait en quelque sorte rédigé le deuxième acte constitutif de l'Unesco, est maintenant accusé d'hérésie. Son crime : avoir rendu au concept de race une légitimité partielle. C'était

1. Lévi-Strauss, « Race et culture », in *Le regard éloigné,* Plon, 1983, p. 36.

« réintroduire le loup dans la bergerie [1] ». On peut sourire devant le zèle d'une institution qui pousse le rejet de la pensée raciste jusqu'à récuser a priori toute réflexion en termes de race, et qui, après avoir appelé la science à la rescousse, excommunie la part de la production scientifique rebelle à son catéchisme. Mais, en l'occurrence, l'ironie ne suffit pas. Au moment, en effet, où le mot race devient tabou à l'Unesco, le mode de pensée typologique et le fétichisme de la différence se reconstituent à l'abri du concept irréprochable de culture. Il est dit, dans les résolutions actuelles de l'Organisation, que les êtres humains tirent toute leur substance de la communauté à laquelle ils appartiennent; que l'identité personnelle des individus se confond avec leur identité collective [2]; que tout en eux – croyances, valeurs, intelligence ou sentiments – procède de ce complexe de climat, de genre de vie, de langue qu'on appelait jadis *Volksgeist* et que l'on nomme aujourd'hui culture; que l'important c'est l'intégrité du groupe et non l'autonomie des personnes, que le but de l'éducation n'est pas de donner à chacun les moyens de faire le tri dans l'énorme

1. *Ibid.*, p. 15.
2. « Car l'identité culturelle est le noyau vivant de la personnalité individuelle et collective; elle est le principe vital qui inspire les décisions, les conduites, les actes perçus comme les plus authentiques » (*Conférence de Mexico sur les politiques culturelles*, Unesco, 1982, p. 20).

bildung : culture formation

masse de croyances, d'opinions, de routines et d'idées reçues qui composent son héritage, mais bien au contraire de l'immerger dans cet océan, de l'y plonger *la tête la première* : « Loin de demeurer deux domaines parallèles, culture et éducation s'interpénètrent et doivent se développer en symbiose, la culture irriguant et alimentant l'éducation qui s'avère le moyen par excellence de transmettre la culture, et, partant, de promouvoir et renforcer l'identité culturelle [1]. »

Tirant de l'épisode nazi la leçon qu'il existait un lien entre barbarie et absence de pensée, les fondateurs de l'Unesco avaient voulu créer à l'échelle mondiale un instrument pour transmettre la culture à la majorité des hommes. Leurs successeurs ont recours au même vocabulaire, mais ils lui attribuent une tout autre signification. Ils continuent d'invoquer avec emphase la culture et l'éducation, mais à la culture comme tâche (comme *Bildung*), ils substituent la culture comme origine, et ils inversent le cheminement de l'éducation : là où était le « Je », le « Nous » doit advenir ; au lieu de se cultiver (et ainsi de sortir de son petit monde), il faut désormais retrouver sa culture, entendue comme « l'ensemble de connaissances et de valeurs qui ne fait l'objet d'aucun enseignement spécifique et que pourtant tout membre d'une communauté

1. *Ibid.*, p. 7.

113

sait[1] ». Cela même que la pensée des Lumières appelle l'inculture ou le préjugé. Lichtenberg faisait donc preuve d'une lucidité prémonitoire lorsqu'il écrivait, il y a deux cents ans : « Aujourd'hui, on cherche partout à répandre le savoir, qui sait si dans quelques siècles, il n'y aura pas des universités pour rétablir l'ancienne ignorance ? »

C'est dans la même optique que, lors de la vingtième session de la Conférence générale de l'Unesco, a été adoptée « par acclamation » une « Déclaration sur la contribution des organes d'information au renforcement de la paix et de la compréhension internationale, à la promotion des droits de l'homme et à la lutte contre le racisme, l'apartheid et l'incitation à la guerre ». Il s'agissait de fonder un Nouvel Ordre mondial de l'information et de la communication, en contrebalançant la puissance des quatre grandes agences de presse occidentales – U.P.I., Associated Press, Reuter et A.F.P. – par le développement et la valorisation des agences et des médias du Tiers Monde. « L'établissement d'un nouvel équilibre et d'une meilleure réciprocité dans l'information » devait permettre que se fissent entendre « la voix des peuples opprimés » (article II), « les vues et les aspirations de la jeune génération » (article IV), « les points de vue présentés par ceux qui considéreraient que l'infor-

1. *Ibid.*, p. 4.

Lévi - Strauss

114

mation publiée ou diffusée a gravement porté préjudice à l'action qu'ils déploient en vue de renforcer la paix et la compréhension internationale et de promouvoir les droits de l'homme, ou de lutter contre le racisme, l'apartheid et l'incitation à la guerre » (article V).

Aux quelques agences qui ont aujourd'hui le monopole de l'information libre, il était donc reproché d'étouffer la liberté par leur monopole et d'imposer un sens unique à la communication entre les hommes. Car pour les auteurs du projet N.O.M.I.C., un journaliste occidental est un Occidental avant d'être un individu. Sa provenance modèle ses propos. Il a beau vouloir faire le vide et s'ouvrir sans parti pris au monde extérieur, son regard est orienté, sa culture ne s'éloigne jamais de lui : où il va, elle l'accompagne. Croyant interpréter, étudier ou même simplement décrire les événements qui se déroulent dans une autre société, il ne fait que refléter les préventions de la sienne. Aussi libre qu'il se croie, aussi objectif qu'il se veuille, il demeure conditionné par les valeurs singulières de son univers mental. Quand le journaliste ne sert pas directement les intérêts de l'Occident, il obéit aux impulsions et aux directives de son identité culturelle. Bref, au pire il est un agent, au mieux un symptôme, dans tous les cas, un émissaire. Pour défendre la liberté de l'information, il fallait donc l'empêcher de nuire, et cela de deux façons : en mettant les peuples à l'abri de sa propagande, et en opposant à la voix de l'Occident les voix du reste du monde, à charge pour celles-ci d'énoncer fidèlement les « aspirations » de leur culture, c'est-à-dire en clair d'abdiquer toute initiative et toute originalité personnelle.

Projet N.O.M.I.C. ou politique éducative, c'est dans le terme même de culture que le contrôle social et la méfiance à l'égard de l'étranger trouvent leur justification. Ni vu ni connu, sous la bannière inchangée d'un mot indiscutable, l'Unesco propage désormais les valeurs que son mandat originel lui prescrivait de combattre. Et plus l'antiracisme d'aujourd'hui ressemble au racisme d'hier, plus le mot race lui-même devient sacrilège. Ce qui explique qu'après avoir inspiré le grand renversement de la culture en identité culturelle, Lévi-Strauss ait pu provoquer l'indignation, sans pour cela changer substantiellement de discours.

Mais le scandale occasionné par la conférence de Lévi-Strauss tient également à son refus de ranger sous la rubrique du racisme « l'attitude d'individus ou de groupes que leur fidélité à certaines valeurs rend partiellement ou totalement insensibles à d'autres valeurs [1] ». Cette prudente réhabilitation de certaines formes d'intolérance fut jugée tout simplement intolérable par les membres d'une Organi-

---

1. Lévi-Strauss, *Le regard éloigné, op. cit.,* p. 15.

sation vouée depuis sa naissance à favoriser la concorde et la fraternité entre les peuples. Car si autrefois le « barbare apostolat des particularismes nationaux [1] » se traduisait par des <u>discours haineux</u> et par une célébration sans fard de la vie guerrière, les déclarations présentes de l'Unesco sont résolument idylliques. Il n'y est question que de paix, de compréhension, d'amour.

Nulle inconséquence, pourtant, ne saurait être reprochée à Lévi-Strauss. On ne voit pas par quel enchantement des hommes enfoncés chacun dans sa culture seraient saisis d'une passion spontanée pour les genres de vie ou les formes de pensée éloignés de leur tradition. Si, d'autre part, la richesse de l'humanité réside exclusivement dans la multiplicité de ses modes d'existence, si « l'honneur d'avoir créé les valeurs esthétiques et spirituelles qui donnent son prix à la vie » revient, ainsi que l'écrit Lévi-Strauss et comme le disent en d'autres termes les grandes professions de foi de l'Unesco, alors la <u>mutuelle hostilité des cultures est non seulement normale mais indispensable</u>. Elle représente « le prix à payer pour que les systèmes de valeurs de chaque famille spirituelle ou de chaque communauté se conservent et trouvent dans leurs propres fonds les ressources nécessaires à leur renouvellement [2] ».

1. Julien Benda, *La fin de l'éternel*, Gallimard, 1977, p. 82.
2. Lévi-Strauss, *Le regard éloigné, op. cit.*, p. 15.

Mais Lévi-Strauss a eu le tort d'appeler les choses par leur nom et d'assortir sa conception de la culture d'un éloge mesuré de la xénophobie. L'Unesco, et avec elle la philosophie de la décolonisation dans son ensemble, a préféré ne pas aller jusqu'au bout de sa propre logique : l'esprit de guerre y débouche donc invariablement sur une exhortation humide et déclamatoire à l'entente universelle ; le dialogue y est invoqué au nom d'une religion de la différence qui l'exclut absolument ; l'anéantissement de l'individu y reçoit le nom de liberté ; et le vocable de culture y sert d'étendard humaniste à la division de l'humanité en entités collectives, insurmontables et irréductibles.

TROISIÈME PARTIE

VERS UNE SOCIÉTÉ
PLURICULTURELLE?

LA DISPARITION
DES DREYFUSARDS

A chaque peuple sa personnalité culturelle; à chaque culture ses valeurs morales, ses traditions politiques, ses règles de comportement. Depuis peu, cette conception n'est plus l'apanage des peuples du Tiers Monde en lutte contre la suprématie occidentale. Y souscrit également la fraction de l'opinion publique qui dénonce « l'invasion » progressive de l'Europe par les ressortissants des pays sous-développés. Pour la « nouvelle droite » (puisque tel est le nom fracassant que s'est donné ce mouvement idéologique, lors de son entrée sur la scène intellectuelle, à la fin des années soixante-dix), les indigènes, ce sont aujourd'hui les habitants du Vieux Continent et les colons ce sont les millions d'hommes qui, conformément à la prophétie de Houari Boumediene, délaissent « les parties méridionales pauvres du monde pour faire irruption dans les espaces relativement accessibles de l'hémisphère

121

Nord à la recherche de leur propre survie ». Colons faméliques sans doute, mais qui, par leur afflux massif, seraient en passe de submerger et de dépersonnaliser les peuples européens. A l'encontre des doctrinaires de l'expansion coloniale, ces prosélytes de l'identité culturelle ne rejettent pas l'Autre hors de l'humanité pensante, ils en font – avec tous les égards dus à sa façon d'être – le représentant d'une autre humanité. Loin d'eux l'idée impérialiste d'écraser les particularismes et de répandre les valeurs occidentales, sans considération pour l'infinie variété des mœurs humaines : ce qu'ils veulent, c'est soustraire l'Europe à l'influence nocive d'usages étrangers, c'est préserver l'écart différentiel de leur société avec le monde extérieur. Bardés de références ethnologiques, armés de citations trouvées dans les œuvres de Lévi-Strauss, de Leach, de Berque, de Jaulin, ils posent « comme postulat politique général que l'humanité existe au pluriel [1] », que ses diverses versions sont séparées les unes des autres par un abîme infranchissable, et qu'il n'existe pas de critère universel à l'aune duquel on pourrait juger ou hiérarchiser leurs accomplissements. Conclusion : « C'est une tragique illusion que de vouloir faire coexister dans un même pays des communautés ayant des civilisations

---

1. Robert Jaulin, cité in Alain de Benoist, « Le totalitarisme raciste », in *Éléments*, no 33, février-mars 1980, p. 15.

différentes. L'affrontement est alors inévitable. Les grands conflits ne sont pas des conflits de race, mais de croyance et de culture [1]. »

Avant de dénoncer l'imposture de ce tiers-mondisme retourné et l'hypocrisie de ce racisme sans race, souvenons-nous que les ethnologues ont eux-mêmes emprunté au romantisme politique leur concept de culture et que l'on peut fort bien rabattre l'identité personnelle sur l'identité collective ou incarcérer les individus dans leur groupe d'origine – sans pour autant invoquer les lois de l'hérédité. Pour les champions du vouloir-vivre européen, le droit à la différence n'est pas un argument opportuniste. En proclamant l'égale dignité de toutes les cultures, ils ne s'approprient pas à des fins de propagande les grands mots de leurs adversaires, ils récupèrent tout simplement leur bien. Et si escroquerie il y a, elle ne réside que dans l'épithète dont ils ont affublé leur doctrine. Car, pour ce qui est de *faire fonctionner la différence,* la « nouvelle » droite a sur la gauche anti-impérialiste le privilège de l'antériorité.

Et après un purgatoire de quarante ans, elle est en train de convertir à ses vues la droite traditionnelle. L'immigration d'une main-d'œuvre déqualifiée et corvéable n'étant plus, avec la fin du plein emploi, une aubaine mais un problème, la mystique

1. Michel Poniatowski, *Paris-Match,* 8 novembre 1985.

du *Volksgeist* retrouve sa vivacité perdue, gagne d'abord les anciens adversaires de la décolonisation (qui découvrent et défendent la spécificité de l'Occident après avoir vanté son pouvoir assimilateur), se diffuse dans les milieux politiques respectables, et va même parfois jusqu'à infléchir les actes des gouvernements [1].

Herder est donc présent partout. Maintenant que sont levés les tabous de l'après-guerre, il triomphe sans partage : c'est lui qui inspire à la fois la

---

1. Exemple français : la tentative récente (1986) de réforme du code de la nationalité. En apparence, l'esprit de ce projet était volontariste, et non différentialiste : pour devenir français, les enfants nés en France de parents étrangers auraient dû, si la loi avait été votée, en faire expressément la demande entre seize et vingt-trois ans. Mais ne pouvaient accéder à la nationalité française, les jeunes condamnés à une peine supérieure à six mois de prison ou à une peine quelconque pour des délits tels que coups et blessures volontaires, vol, usage et trafic de drogue. Ces indésirables se retrouvaient figés pour toujours dans leur double nature de délinquant et d'étranger. Leur volonté affichée ne pesait rien contre le principe qui produisait tous les mouvements de leur âme et qui, étant infect, ne pouvait être français. Bannis de la communauté des hommes libres, ils étaient pourvus, bon gré mal gré, d'un passeport maghrébin, équivalent tacite du passeport jaune. Sous prétexte de ne pas fabriquer de Français involontaires, ce projet réintroduisait en contrebande un schéma essentialiste, irréductible à toute philosophie de la volonté. La théorie élective de la nation servait de couverture à un dispositif juridique dont la finalité profonde était, au contraire, d'*épurer* la communauté nationale, c'est-à-dire – vieux fantasme du nationalisme ethnique – de la débarrasser du Mal en endiguant l'infiltration des étrangers. Pour des raisons politiques qu'il ne m'appartient pas d'analyser ici, cette réforme n'a pas abouti. Mais ce qui importe dans le cadre de cet essai, c'est qu'elle ait pu figurer – en bonne place – au programme d'un gouvernement.

glorification de l'égoïsme sacré et sa dénonciation la plus véhémente, la crispation sur le moi collectif et la forme que prend le respect de l'étranger, l'agressivité des xénophobes et la bonté des xénophiles, l'invitation frileuse au repli et le beau risque de l'ouverture aux autres. A ceux qui déclarent sans plus de honte que le génie de l'Europe est menacé d'anéantissement par tous les déracinés du Tiers Monde et que le seul moyen d'assurer le développement harmonieux des communautés humaines, c'est encore de les cloisonner – les partisans de l'hospitalité rétorquent avec indignation : « Toutes les formes culturelles étant aussi valables, nous n'avons pas le droit – nous Français, nous Européens – de nous préférer. Il nous est interdit d'ériger notre code de conduite en norme générale. La conscience de notre particularité qui nous a dégrisés hier de notre propension à dominer le monde, légitime aujourd'hui, dans le contexte nouveau créé par l'immigration, la transformation de notre univers familier en société *pluriculturelle*. » Pluriculturel : mot clé de la bataille engagée contre la défense de l'intégrité ethnique; concept fondamental qui oppose la saveur et les vertus de la diversité à la monotonie d'un paysage homogène. Ne pas s'y fier, pourtant. Aussi accusées que soient leurs divergences et aussi tendues leurs relations, les deux camps professent le même relativisme. Les credos s'opposent, non les visions du monde : les uns et les autres perçoivent les cultures comme des totalités enveloppantes et donnent le dernier mot à leur multiplicité.

Contre la « vérité française » et la raison d'État, les dreyfusards en appelaient jadis à des normes inconditionnées ou à des valeurs universelles. De nos jours, tandis que resurgit la philosophie de l'antidreyfusisme, ses adversaires – nombreux, déterminés, et animés d'une furieuse éloquence – fondent leur combat sur le fait que tous les goûts sont dans la culture. Il n'y a plus de dreyfusards.

Admettons, cependant, que l'identité des groupes humains procède exclusivement de leur culture, au sens que l'Unesco donne à ce terme : « L'ensemble de connaissances et de valeurs qui ne fait l'objet d'aucun enseignement spécifique et que pourtant tout membre d'une communauté sait. » Supposons que la France, par exemple, soit, comme l'écrit Régis Debray, « un souvenir d'enfance », « un refrain, un revenez-y d'écumes et de fontaines, de cascades et d'avens », « une façon de s'y prendre avec les chauffeurs de taxis, les robinets, les garçons de café, les regards des filles et le temps qui passe [1] ». Jamais cette communauté d'automatismes ne pourra exaucer le vœu formulé par le même Régis Debray et devenir « un pays sans Jules, sans Hippolyte, sans Ernest, un plein pays de Boris et

1. Debray, *La puissance et les rêves,* Gallimard, 1984, pp. 183-184.

d'Ursula, de Djamila et de Rachel, Milan et Julio [1] ». C'est Hippolyte, ce n'est pas Djamila, qui, étant né dans le bocage normand ou ayant passé toutes ses grandes vacances dans la maison familiale en Dordogne, est français *jusqu'au bout des ongles* et avec une spontanéité inimitable. Ce sont des générations d'Ernest et de Jules qui ont donné à Christophe, à Adrien et à Grégoire et non à Milan (Kundera) ou à Julio (Cortázar) leur gouaille caractéristique, leur vivacité espiègle et rouspéteuse.

Barrès était plus conséquent. Il savait que *l'inconscient est intraitable*, qu'il ne peut ni se partager, ni s'échanger, ni s'acquérir – ce pourquoi précisément il en faisait le lieu de l'identité nationale. Quand il disait qu'on est français par imprégnation et non par adhésion, c'était pour opposer aux étrangers une fin de non-recevoir. Il faut choisir, en effet : on ne peut célébrer simultanément la communication universelle et la différence dans ce qu'elle a d'intransmissible; on ne peut, après avoir rattaché les Français à leur pays par les seuls liens de la mémoire affective, peupler la France de gens qui n'ont pas accès à cette mémoire, et qui n'ont même rien d'autre en commun que d'en être exclus. Il y a une contradiction insurmontable à vouloir fonder l'hospitalité sur l'enracinement.

1. *Ibid.*, p. 186.

Des mirages de l'internationalisme socialiste à l'incontournable réalité des cultures : tel est l'itinéraire spirituel revendiqué par Régis Debray. Aux temps héroïques de la guérilla, il participait à la grande insurrection des peuples asservis contre les maîtres du monde. L'heure des brasiers est passée : sans rien renier de sa jeunesse révolutionnaire, l'ancien compagnon de route de Che Guevara constate aujourd'hui que l'homme a des racines, une généalogie, une mémoire ethnique, bref qu'il ne se définit pas seulement par ses intérêts et par ses espérances. Avant de *s'engager* volontairement dans un combat (ou dans une carrière), il est *embarqué*, bon gré mal gré, dans un destin collectif ; avant d'être inculte ou cultivé, bourgeois ou prolétaire, il est culturel : immergé, corps et âme, dans l'immanence de sa communauté.

Et Debray expérimente pour lui-même cette prévalence du groupe archaïque sur l'individu. Français, il n'est qu'illusoirement maître de lui-même. Sa conscience est postérieure à son appartenance et ne peut donc avoir barre sur celle-ci : sa

« personne profonde n'est pas un bien personnel mais patrimonial [1] ». Le voudrait-il qu'il ne pourrait souscrire à cette belle déclaration de Montesquieu : « Si je savais quelque chose qui me fût utile et qui fût préjudiciable à ma famille, je la rejetterais de mon esprit. Si je savais quelque chose qui fût utile à ma famille et qui ne le fût pas à ma patrie, je chercherais à l'oublier. Si je savais quelque chose qui fût utile à ma patrie et qui fût préjudiciable à l'Europe et au genre humain, je la regarderais comme un crime. » Une telle profession de foi, en effet, inverse « l'instinct de groupe selon lequel le genre humain passe après l'Europe, qui passe après la patrie, qui passe après la famille [2] ». Et selon Debray, l'homme a beau faire et beau dire pour liquider la morale de clan : ses maximes universalistes ne sont que de « luxueuses abstractions [3] » ; au bout du compte, l'aristocrate cosmopolite en lui est toujours rattrapé par le paysan, la voix de l'instinct le ramène immanquablement au bercail.

Régis Debray ne renonce pas, pour autant, à l'idéal de fraternité. Il donne raison à Barrès contre les Lumières, et, en même temps, il combat résolument ses successeurs. Situé au confluent imaginaire de deux traditions incompatibles : la France du

1. Debray, *Critique de la Raison politique,* Gallimard, 1981, p. 206.
2. *Ibid.*, p. 453.
3. *Ibid.*, p. 452.

terroir et la France terre d'asile, il subordonne les choix éthiques de chacun à ses réflexes ethniques, tout en fustigeant la haine de l'étranger. A la manière de l'Unesco (mais avec infiniment plus de style), c'est après avoir fait de l'homme un être purement tribal qu'il part en guerre contre le chauvinisme et contre la ségrégation.

Mais il serait injuste d'étendre cette critique à tous les partisans de la société pluriculturelle. Ceux-ci, dans leur majorité, refusent de s'incliner devant la puissance de l'inconscient collectif. Il n'y a, chez eux, ni résignation au tribalisme ni lyrisme du terroir. Pour éviter que l'homme ne sombre tout entier dans sa culture, ils insistent, à l'inverse, sur la nécessité de contrarier la voix de l'instinct par une pédagogie de la relativité. Spontanément, l'Européen aime mieux l'Europe que le reste du monde, sa patrie que l'Europe, et sa famille que sa patrie? On éduquera donc ses réflexes, on lui apprendra à vaincre ses préférences naturelles.

En 1985, le Collège de France remet au président de la République française un rapport intitulé : *Propositions pour l'enseignement de l'avenir.* Le premier des dix principes auquel doit souscrire une école moderne, selon l'institution académique la plus éminente de ce pays, s'énonce en ces termes : « *L'unité de la science et la pluralité des cultures.* Un enseignement harmonieux doit pouvoir concilier l'universalisme inhérent à la pensée scientifique et le relativisme qu'enseignent les sciences humaines attentives à la pluralité des modes de vie, des sagesses, des sensibilités culturelles [1]. »

• Notre impulsion première tendant à la négation de l'Autre, c'est à l'école, et plus précisément à l'enseignement des sciences humaines qu'il appartient de la maîtriser, estiment les sages du Collège de France. Pourquoi les sciences humaines ? Parce que, fondées sur la comparaison, elles montrent l'arbitraire de notre système symbolique. Parce qu'elles redoublent la transmission de nos valeurs par la dénonciation de leur historicité. Parce que étudier une œuvre, pour elles, c'est rattraper l'auteur, l'épingler sur son particularisme, le replacer dans le contexte dont, à première vue, il semblait s'être évadé. Parce que, dans leur perspective, la culture de prestige n'est que l'expression fragmentaire d'un domaine plus vaste qui comprend la nourriture, le vêtement, le travail, les jeux, bref « toutes les habitudes ou aptitudes apprises par l'homme en tant que membre d'une société [2] ». Et parce qu'à *engloutir ainsi le cultivé dans le culturel,* elles font d'une pierre deux coups : elles nous empêchent tout à la fois de nous complaire en nous-mêmes et de conformer le monde à notre

1. *Propositions pour l'enseignement de l'avenir,* Collège de France, 1985, p. 4.
2. Lévi-Strauss, *Entretiens avec Georges Charbonnier,* 10/18, 1961, p. 180.

image; elles nous guérissent de l'impérialisme et du tribalisme, de la croyance que nous sommes les dépositaires attitrés de l'universel et de l'affirmation agressive de notre spécificité. Européen : cette identité, sous l'effet de leur enseignement, n'est plus ni une mission ni un motif d'orgueil, c'est un système de vie et de pensée modestement rangé au même niveau que tous les autres.

Et voici Goethe renvoyé à l'exotisme du roman chinois avec lequel – naïvement – il se croyait de plain-pied. A la lecture de cette œuvre lointaine, on s'en souvient, Goethe avait eu la sensation enivrante d'enjamber les époques, de franchir les frontières, d'accéder à un monde situé au-delà de la diversité des nations. Ce qu'il avait goûté dans le livre que le hasard lui avait mis sous les yeux, c'était la possibilité d'entrer en contact avec des hommes issus d'autres civilisations, *sans que la découverte des différences épuise le sens de cette communication.* Impitoyables, les sciences humaines dissipent cette proximité illusoire, interrompent la conversation et ramènent chacun chez soi : *Hermann et Dorothée* dans l'Allemagne de 1880, et le roman chinois dans son Orient natal. Avec cet effacement de la distinction entre œuvre et document, c'en est fait du rêve goethéen de littérature universelle.

Désaveu paradoxal. Car en chargeant les sciences humaines d'enseigner le relativisme, les sages du Collège de France poursuivent le même objectif que Goethe : persuader les hommes qu'il « n'existe aucun art patriotique, aucune science patriotique ». La finalité est identique, la divergence porte sur l'argumentation. Selon Goethe, « l'art et la science appartiennent, comme tout ce qui est bien, au monde entier [1] »; d'une part, la beauté est comme les théorèmes : *elle ne tient pas en place,* elle se détache de son lieu d'origine et s'offre avec générosité à la jouissance de tout un chacun; la science, d'autre part, n'a pas le monopole de la vérité : ce qui distingue les grands romans des simples archives, c'est qu'ils ne sont pas seulement des matériaux pour les historiens, mais des formes d'investigation du monde et de l'existence. Cent cinquante ans plus tard, *l'Université rabat le roman sur l'archive* et réserve aux théorèmes le privilège de s'émanciper du moment de leur émergence et de la région où ils ont été formulés. Dès les premiers mots du rapport établi par le Collège de France, nous sommes prévenus : c'est dans la science et dans la science seulement, que l'homme se hausse au-dessus des schémas perceptifs déposés en lui par la collectivité dont il est membre. Pour le reste – coutumes, institutions, croyances et productions intellectuelles et artistiques – il demeure rivé à sa culture. Dissident ou conformiste, lyrique ou moqueur, il est la partie d'un tout, l'élément d'un système, le chantre

1. Goethe, *Écrits sur l'art, op. cit.,* p. 50.

de sa communauté : l'orgueil et la violence naissent avec l'oubli de cette sujétion originaire. Un idiotisme qui prétend à l'universalité; une province qui veut s'égaler au monde; un moment qui s'enfle aux dimensions de l'éternité; une *différence* qui se prend pour une *valeur* absolue : voilà le dérapage coupable auquel la vigilance des sciences humaines doit constamment remédier. Bref, il n'y a plus d'universel concret à côté de l'universel abstrait dont les mathématiques fournissent le modèle, Flaubert n'est pas un « explorateur de l'existence [1] », mais tout comme Proust ou Cervantès, le révélateur d'une situation, d'un canton, d'une culture, et la beauté que Goethe dotait du merveilleux pouvoir de trahir la patrie en se donnant au monde entier, est désormais cette idée patriotique par excellence qui élève à la dignité d'archétype une forme épisodique et locale. Si l'on veut mettre fin au patriotisme dans l'art, il faut donc *rapatrier* les œuvres, les rendre au groupe (ethnique ou social) dont elles expriment la spécificité. Il faut désapprendre à classer, à privilégier, à hiérarchiser. Il faut éparpiller la beauté et la vérité (du moins celle qui ne porte pas l'estampille de la Recherche), et dissoudre ainsi les deux composantes de la valeur dans le foisonnement des « sensibilités culturelles ».

1. Cf. Milan Kundera, *L'art du roman,* Gallimard, 1986, p. 63.

Ainsi, c'est pour extirper, comme Goethe, le chauvinisme de la culture, qu'il est demandé à l'enseignement de l'avenir de convertir, comme Herder, la littérature en folklore. Rappelé à l'ordre de la différence, moi Ernest, Hippolyte ou Jules, je ne m'étale plus, j'occupe sans déborder le lieu qui m'est alloué dans le monde. Conscient que mes jugements ont une histoire et un territoire, accédant par le savoir à la variété des patrimoines, je me contente d'être ce que je suis. Ce qui donne, du même coup, à Milan, à Julio, à Djamila, à Boris et à Rachel la place d'exister en dehors de moi ou même, quand la conjoncture l'exige, à mes côtés.

Les sages du Collège de France restent fidèles à l'esprit de la décolonisation. A l'encontre de Régis Debray, ils ne flattent pas le nationalisme français ou le particularisme européen, ils le stigmatisent. Comme lui, cependant, ils brisent la continuité culturelle de l'humanité [1], dans l'unique et noble dessein de favoriser le rapprochement entre les hommes.

1. J'emprunte cette expression à Leszek Kolakowski, *L'esprit révolutionnaire*, Complexe, Bruxelles, 1978, p. 79.

L'enseignement de l'avenir veut « rompre avec la vision ethnocentrique de l'humanité qui fait de l'Europe l'origine de toutes les découvertes et de tous les progrès [1] ». Cette volonté semble s'inscrire dans la grande tradition critique inaugurée en Europe avec l'avènement des Temps modernes. « Nous sommes tous contraints et amoncelés en nous et nous avons la vue raccourcie à la longueur de notre nez », disait déjà Montaigne qui donnait précisément pour rôle à l'éducation de rectifier cette myopie constitutive et de défaire, par l'apprentissage du doute, l'adhésion spontanée de l'être à son environnement natal.

Mais les apparences sont parfois trompeuses : en proclamant l'indépassable pluralité des cultures, en excluant la science et elle seule de la loi de la relativité, le rapport du Collège de France répudie l'esprit des Temps modernes – sous l'égide des valeurs de doute et de tolérance qui en sont issues.

La tolérance contre l'humanisme : ainsi pourrait-on résumer le paradoxe d'une critique de l'ethnocentrisme qui aboutit à centrer tout individu sur son ethnie. Ne parler de culture qu'au pluriel, en effet,

1. *Propositions pour l'enseignement de l'avenir, op. cit.,* p. 12.

c'est refuser aux hommes d'époques diverses ou de civilisations éloignées la possibilité de communiquer autour de significations pensables et de valeurs qui s'exhaussent du périmètre où elles ont surgi. Cette possibilité, les Temps modernes, loin de la nier, l'avaient transférée *de la religion à la culture.* Comme l'écrit justement Milan Kundera : « Dans les Temps modernes, quand le Dieu médiéval se transforma en *Deus absconditus,* la religion céda la place à la culture qui devint la réalisation des valeurs suprêmes par lesquelles l'humanité européenne se comprenait, se définissait, s'identifiait [1]. » Avec l'idée de littérature mondiale, Goethe lui-même ne faisait que revendiquer pour les plus belles œuvres humaines le privilège d'universalité autrefois réservé à la parole divine. Dieu s'éclipsait, mais non pas « le don, peut-être surnaturel, de voir l'homme absolument semblable à l'homme sous la diversité des traditions historiques que chacun continue [2] ». En même temps que le Livre des livres était destitué de sa majuscule et ramené au rang de livre parmi d'autres, la littérature tout entière – Bible comprise – devenait cet espace où s'opérait la jonction entre consciences étrangères, où s'inscrivait l'aptitude de l'esprit à traverser l'histoire sans

---

1. Kundera, « Un Occident kidnappé », *Le Débat,* no 27, novembre 1983, p. 17.
2. Lévinas, *Difficile liberté,* Albin Michel, 1976, p. 232.

s'abîmer complètement en elle. *Profanation* du texte révélé par l'enquête critique, les lumières de la science, le libre exercice de l'entendement; *promotion* de la littérature attestant à son tour l'unité du genre humain et la déroute des particularismes. Fin des Temps bibliques par la substitution de l'argumentation à la tradition et de la liberté de l'esprit à l'autorité religieuse. Continuation des Temps bibliques par la puissance de déracinement reconnue à la parole [1].

Au siècle des nationalismes, la France – ce fut son mérite et son originalité – refusa l'enracinement de l'esprit. Cette fidélité à l'universel faisait, naguère encore, l'admiration de Gombrowicz. Il la donnait en exemple à ses compatriotes fascinés par la « polonité » et s'exténuant à devenir eux-mêmes des produits aussi emblématiques que possible de leur histoire collective : « Un Français qui ne prend rien en considération en dehors de la France est-il plus français ? Ou moins français ? En fait, être français, c'est justement prendre en considération autre chose que la France [2]. » Phrase admirable et

---

1. Faisant l'éloge de la traduction (« une des activités les plus importantes et les plus dignes dans l'échange mondial universel »), Goethe se réfère nommément à l'exemple de la Bible : « Quant à l'entreprise géante de la société de la Bible, qu'est-elle sinon la transmission de la Bible à chaque peuple, dans sa propre langue et selon sa particularité propre ? » (*Écrits sur l'art, op. cit.,* p. 263.)
2. Gombrowicz, *Journal 1957-1960,* Denoël, 1976, p. 25.

qui explique l'attrait que la France a longtemps exercé sur les étrangers chassés de chez eux par la bêtise haineuse du *Volksgeist.* Si, par exemple, Emmanuel Lévinas, quittant la Lituanie en 1923, a choisi de faire ses études à l'université de Strasbourg, c'est parce que « la France est un pays où l'attachement aux formes culturelles semble équivaloir à l'attachement à la terre [1] ». *La France ne se réduit pas à la francité,* son patrimoine n'est pas composé, pour l'essentiel, de déterminations inconscientes ou de modes d'être typiques et héréditaires mais de valeurs offertes à l'intelligence des hommes, et Lévinas lui-même est devenu français par amour pour Molière, pour Descartes, pour Pascal, pour Malebranche – pour des œuvres qui ne témoignent d'aucun pittoresque, mais qui, prenant en considération autre chose que la France, sont des contributions originales à la littérature universelle ou à la philosophie.

Cet idéal est aujourd'hui en voie de disparition. L'humilité achève la tâche que l'arrogance nationaliste n'avait jamais su mener à son terme, et les partisans de la société pluriculturelle réussissent là où avait échoué la doctrine de « la Terre et des Morts » : pour permettre à l'Autre de déployer son être sans entraves, ils replient leur nation sur son

1. Lévinas, « Portrait », in *Les Nouveaux Cahiers,* no 82, automne 1985, p. 34.

génie singulier, ils définissent la France (et par extension l'Europe) par *sa* culture, et non plus par la place centrale que *la* culture est censée y tenir, ils assignent à leur peuple une physionomie distinctive et lui démontrent avec acharnement que, de cette différence, il ne doit tirer aucune fierté.

Vivons-nous l'épilogue simultané des Temps bibliques et des Temps modernes? Répondre, en tout cas : «Nous ne sommes qu'une culture», à l'affirmation glorieuse et vindicative de l'identité culturelle, ce n'est pas une riposte, c'est une capitulation. Dans leur souci de rendre le Vieux Monde enfin accueillant, les apôtres de la cohabitation des cultures en détruisent consciencieusement l'esprit : ce qui ne laisse à l'Europe que le seul attrait de sa prospérité.

LE DROIT À LA SERVITUDE

Autre caractéristique des Temps modernes européens : la priorité de l'individu sur la société dont il est membre. Les collectivités humaines ne sont plus conçues comme des totalités qui assignent aux êtres une identité immuable, mais comme des associations de personnes indépendantes. Ce grand renversement n'annule pas les hiérarchies sociales, il modifie en profondeur le regard que nous portons sur l'inégalité. La société individualiste reste composée de riches et de pauvres, de maîtres et de serviteurs, mais – et cette mutation est en soi révolutionnaire – il n'y a plus de différence de nature entre eux : « Que l'un commande soit, mais qu'il soit clair qu'aussi bien ce pourrait être l'autre, qu'il soit entendu et marqué que ce n'est, en aucune manière, au nom d'une supériorité intrinsèque et incarnée que s'exerce l'autorité [1]. »

Définis jusqu'alors par leur place dans l'ordre social, les individus, soudain, sortent du rang. Ils deviennent tous des hors-caste, et conquièrent, dit superbement Ernst Bloch, « le droit de rejeter leur livrée [2]. » L'habit ne fait plus le moine : cessant d'être identifié à son statut, arraché à son clan, à sa corporation, à sa lignée, l'homme apparaît dans sa nudité originelle. C'est en se coupant de toute référence religieuse que les Temps modernes accomplissent la révélation biblique : il n'y a qu'une seule humanité.

La notion de *Volksgeist,* on l'a vu, a été forgée dans le dessein explicite de mettre fin à ce scandale et de rhabiller les individus : Persans, Français, Espagnols ou Allemands, nous avons tous une livrée

1. Marcel Gauchet, « Tocqueville, l'Amérique et nous », in *Libre,* no 7, 1980, p. 95.
2. Ernst Bloch, *Droit naturel et dignité humaine,* Payot, 1976, p. 158.

nationale, et nous sommes tenus, à l'intérieur de notre nation, d'accomplir scrupuleusement la tâche que nous a impartie l'histoire. Moyennant la substitution du droit historique au droit divin, la totalité prend ainsi sa revanche : le hors-caste est réintégré, chacun remet son uniforme.

L'alternative, alors, est simple : ou les hommes ont des droits, ou ils ont une livrée; ou bien ils peuvent légitimement se libérer d'une oppression même et surtout si leurs ancêtres en subissaient déjà le joug, ou bien c'est leur culture qui a le dernier mot, et, comme dit Marx, le serf fouetté par le knout doit impérativement ravaler ses cris de rébellion et de souffrance, « dès l'instant que ce knout est un knout chargé d'années, héréditaire et historique [1] ».

De nos jours, cette opposition s'est brouillée : les partisans de la société multiculturelle réclament pour tous les hommes le droit à la livrée. Dans leur louable désir de rendre à chacun son identité perdue, ils télescopent deux écoles de pensée antagonistes : celle du droit naturel et celle du droit historique, et – prouesse singulière – ils présentent comme l'ultime liberté individuelle le primat absolu de la collectivité : « Aider les immigrés, c'est d'abord les respecter tels qu'ils sont, tels qu'ils se veulent dans leur identité nationale, leur spécificité

1. Marx, « Pour une critique de la philosophie du droit de Hegel », *Œuvres III,* Gallimard, coll. La Pléiade, p. 384.

culturelle, leurs enracinements spirituels et religieux[1]. »

Existe-t-il une culture où l'on inflige aux délinquants des châtiments corporels, où la femme stérile est répudiée et la femme adultère punie de mort, où le témoignage d'un homme vaut celui de deux femmes, où une sœur n'obtient que la moitié des droits de succession dévolus à son frère, où l'on pratique l'excision, où les mariages mixtes sont interdits et la polygamie autorisée? L'amour du prochain commande expressément le respect de ces coutumes. Le serf doit pouvoir bénéficier du knout : ce serait mutiler son être, attenter à sa dignité d'homme, bref faire preuve de racisme que de l'en priver. Dans notre monde déserté par la transcendance, l'identité culturelle cautionne les traditions barbares que Dieu n'est plus en mesure de justifier. Indéfendable quand il invoque le ciel, le fanatisme est incritiquable lorsqu'il se prévaut de son ancienneté, et de sa différence. Dieu est mort, mais le *Volksgeist* est fort. C'est pourtant contre le droit d'aînesse, coutume fortement enracinée dans le sol du Vieux Continent, que les droits de l'homme ont été institués, c'est *aux dépens de sa culture* que l'individu européen a conquis, une à une, toutes ses libertés, c'est enfin, et plus généralement, la critique de la tradition qui constitue le

1. Père M. Lelong, cité in Sadek Sellam, « Être musulman en France », *Études,* mai 1986, p. 586.

fondement spirituel de l'Europe, mais cela, la philosophie de la décolonisation nous l'a fait oublier en nous persuadant que l'individu n'est rien de plus qu'un phénomène culturel. « L'Europe, écrivait Julien Benda en 1933, sera un produit de votre esprit, de la volonté de votre esprit, non un produit de votre être. Et si vous me répondez que vous ne croyez pas à l'autonomie de l'esprit, que votre esprit ne peut être autre chose qu'un aspect de votre être, alors je vous déclare que vous ne ferez jamais l'Europe. Car il n'y a pas d'*Être* européen [1]. » A l'épreuve de l'Autre, la mise en question de l'être par l'esprit est devenue le signe distinctif d'un être particulier, d'une ethnie bien précise; le refus d'assimiler ce qui est bien à ce qui est ancestral est apparu comme un trait de civilisation; la révolte contre la tradition s'est transformée en coutume européenne. Nombre d'Européens reconnaissent que l'Europe, et l'Europe seule, a constitué l'individu en valeur suprême. Mais, s'excusent-ils aussitôt, « il n'y a pas de quoi se vanter. Pour avoir voulu convertir la planète à nos lubies, nous avons commis trop de dégâts irréparables. Le temps des croisades est révolu; nous ne forcerons plus personne à adopter la perception qui est la nôtre de la vie sociale ». Honteux de la domination si longtemps exercée sur les peuples du Tiers Monde, on

1. Benda, *Discours à la Nation européenne*, Gallimard, coll. Idées, 1979, p. 71.

se jure de ne plus recommencer et – résolution inaugurale – on décide de leur épargner les rigueurs de la liberté à l'européenne. De peur de faire violence aux immigrés, on les confond avec la livrée que leur a taillée l'histoire. Pour leur permettre de vivre comme cela leur convient, on se refuse à les protéger contre les méfaits ou les abus éventuels de la tradition dont ils relèvent. Afin d'atténuer la brutalité du déracinement, on les remet, pieds et poings liés, à la discrétion de leur communauté, et l'on en arrive ainsi à limiter aux hommes d'Occident la sphère d'application des droits de l'homme, tout en croyant élargir ces droits, jusqu'à y insérer la faculté laissée à chacun de vivre dans sa culture.

Né du combat pour l'émancipation des peuples, le relativisme débouche sur l'éloge de la servitude. Est-ce à dire qu'il faut en revenir aux vieilles recettes assimilationnistes, et séparer les nouveaux arrivants de leur religion ou de leur communauté ethnique? La dissolution de toute conscience collective doit-elle être le prix à payer pour l'intégration? *En aucun cas.* Traiter l'étranger en individu, ce n'est pas l'obliger à calquer toutes ses conduites sur les façons d'être en vigueur chez les autochtones, et l'on peut dénoncer l'inégalité entre hommes et femmes dans la tradition islamique sans, pour autant, vouloir revêtir les immigrés musulmans d'une livrée d'emprunt ni détruire leurs liens communautaires. Seuls ceux qui raisonnent en termes d'identité (et donc d'intégrité) culturelle pensent que la collectivité nationale a besoin pour sa propre survie de la disparition des autres communautés. L'esprit des Temps modernes européens, quant à lui, s'accommode très bien de l'existence de minorités nationales ou religieuses, à condition que celles-ci soient composées, sur le modèle de la nation, d'individus égaux et libres. Cette exigence entraîne le rejet dans l'illégalité de tous les usages – y compris ceux dont les racines plongent au plus profond de l'histoire – qui bafouent les droits élémentaires de la personne.

Il est indéniable que la présence en Europe d'un nombre croissant d'immigrés du Tiers Monde pose des problèmes inédits. Ces hommes poussés hors de chez eux par la misère et traumatisés, qui plus est, par l'humiliation coloniale, ne peuvent ressentir à l'égard du pays qui les reçoit l'attirance et la gratitude qu'éprouvaient, pour la plupart, les réfugiés d'Europe orientale. Enviée pour ses richesses, haïe pour son passé impérialiste, leur terre d'accueil n'est pas une terre promise. Une chose, néanmoins, est sûre : ce n'est pas en faisant de l'abolition des privilèges la prérogative d'une civilisation, ce n'est pas en réservant aux Occidentaux les bienfaits de la souveraineté individuelle et de ce que Tocqueville appelle « l'égalité des conditions » qu'on s'acheminera vers la résorption de ces difficultés.

QUATRIÈME PARTIE

NOUS SOMMES LE MONDE, NOUS SOMMES LES ENFANTS

UNE PAIRE DE BOTTES
VAUT SHAKESPEARE

Les héritiers du tiers-mondisme ne sont pas seuls à préconiser la transformation des nations européennes en sociétés multiculturelles. Les prophètes de la *postmodernité* affichent aujourd'hui le même idéal. Mais tandis que les premiers défendent, face à l'arrogance occidentale, l'égalité de toutes les traditions, c'est pour opposer les vertiges de la fluidité aux vertus de l'enracinement que les seconds généralisent l'emploi d'une notion apparue voici quelques années dans le monde de l'art. L'acteur social postmoderne applique dans sa vie les principes auxquels les architectes et les peintres du même nom se réfèrent dans leur travail : comme eux, il substitue l'éclectisme aux anciennes exclusives; refusant la brutalité de l'alternative entre académisme et innovation, il mélange souverainement les styles; au lieu d'être ceci ou cela, classique ou d'avant-garde, bourgeois ou bohème, il marie à sa guise les engouements les plus disparates, les inspirations les plus contradictoires; léger, mobile, et non raidi dans un credo, figé dans une appartenance, il aime pouvoir passer sans obstacle d'un restaurant chinois à un club antillais, du couscous au cassoulet, du jogging à la religion, ou de la littérature au deltaplane.

S'éclater est le mot d'ordre de ce nouvel hédonisme qui rejette aussi bien la nostalgie que l'auto-accusation. Ses adeptes n'aspirent pas à une société *authentique,* où tous les individus vivraient bien au chaud dans leur identité culturelle, mais à une société *polymorphe,* à un monde bigarré qui mettrait toutes les formes de vie à la disposition de chaque individu. Ils prônent moins le droit à la différence que le métissage généralisé, le droit de chacun à la spécificité de l'autre. Multiculturel signifiant pour eux *abondamment garni,* ce ne sont pas les cultures en tant que telles qu'ils apprécient, mais leur version édulcorée, la part d'elles-mêmes qu'ils peuvent tester, savourer et jeter après usage. Consommateurs et non conservateurs des traditions existantes, c'est le client-roi en eux qui trépigne devant les entraves mises au règne de la diversité par des idéologies vétustes et rigides.

« Toutes les cultures sont également légitimes et tout est culturel », affirment à l'unisson les enfants gâtés de la société d'abondance et les détracteurs de l'Occident. Et ce langage commun abrite deux programmes rigoureusement antinomiques. La philosophie de la décolonisation reprend à son compte l'anathème jeté sur l'art et la pensée par les populistes russes du XIXᵉ siècle : « Une paire de bottes vaut mieux que Shakespeare » : en plus de leur supériorité évangélique, outre le fait, autrement dit, qu'elles protègent les malheureux contre le froid plus efficacement qu'une pièce élizabéthaine, les bottes, au moins, ne mentent pas; elles se donnent d'emblée pour ce qu'elles sont : de modestes émanations d'une culture particulière – au lieu, comme les chefs-d'œuvre officiels, de dissimuler pieusement leurs origines et de contraindre tous les hommes au respect. Et cette humilité est un exemple : s'il ne veut pas persévérer dans l'imposture, l'art doit tourner le dos à Shakespeare, et se rapprocher, autant qu'il est possible, de la paire de bottes. Cette exigence se traduit dans la peinture par le minimalisme, c'est-à-dire par l'effacement tendanciel du geste créateur et par l'apparition corrélative dans les musées d'œuvres quasi indiscernables des objets et même des matériaux quotidiens. Quant aux écrivains, ils se doivent d'adopter les canons de cette littérature qu'on appelle mineure, parce qu'à la différence des textes consacrés, c'est la collectivité qui s'y exprime, et non l'individu isolé dans son génie, séparé des autres par sa pseudo-maîtrise : terrible ascèse, et qui défavorise, par surcroît, les auteurs appartenant aux nations cultivées. Pour accéder au point de non-culture, pour

151

rejoindre la paire de bottes, ils ont un chemin plus long à parcourir que les habitants des pays sous-développés. Mais courage! «*Même celui qui a le malheur de naître dans le pays d'une grande littérature* doit écrire dans sa langue comme un juif tchèque écrit en allemand, ou comme un Ouzbek écrit en russe. Écrire comme un chien qui fait son trou, un rat qui fait son terrier. Et, pour cela, trouver son propre point de sous-développement, son propre patois, son tiers monde à soi, son désert à soi [1]. »

Ce nihilisme rageur fait place, dans la pensée postmoderne, à une admiration égale pour l'auteur du *Roi Lear* et pour Charles Jourdan. A condition qu'elle porte la signature d'un grand styliste, une paire de bottes vaut Shakespeare. Et tout à l'avenant : une bande dessinée qui combine une intrigue palpitante avec de belles images vaut un roman de Nabokov; ce que lisent les lolitas vaut *Lolita*; un slogan publicitaire efficace vaut un poème d'Apollinaire ou de Francis Ponge; un rythme de rock vaut une mélodie de Duke Ellington; un beau match de football vaut un ballet de Pina Bausch; un grand couturier vaut Manet, Picasso, Michel-Ange; l'opéra d'aujourd'hui – « celui de la vie, du clip, du jingle, du spot [2] » – vaut largement Verdi ou

1. Deleuze-Guattari, *Kafka*, Éditions de Minuit, 1975, p. 33. (Je souligne.)
2. Jacques Séguéla, in *Le Point*, 24 février 1986.

Wagner. Le footballeur et le chorégraphe, le peintre et le couturier, l'écrivain et le concepteur, le musicien et le rocker sont, au même titre, des *créateurs*. Il faut en finir avec le préjugé scolaire qui réserve cette qualité à certains, et qui plonge les autres dans la sous-culture.

A la volonté d'humilier Shakespeare, s'oppose ainsi l'ennoblissement du bottier. Ce n'est plus la grande culture qui est désacralisée, implacablement ramenée au niveau des gestes quotidiens accomplis dans l'ombre par le commun des hommes – ce sont le sport, la mode, le loisir qui forcent les portes de la grande culture. L'absorption vengeresse ou masochiste du cultivé (la vie de l'esprit) dans le culturel (l'existence coutumière) est remplacée par une sorte de confusion joyeuse qui élève la totalité des pratiques culturelles au rang des grandes créations de l'humanité.

Les mots ont beau être les mêmes, la pensée postmoderne est en rupture complète avec la philosophie de la décolonisation. Les tiers-mondistes, à ses yeux, sont des veufs inconsolés de l'âge autoritaire, tout comme les humanistes et les défenseurs de la pureté raciale ou de l'intégrité culturelle. Certains (de Herder à Lévi-Strauss) veulent restituer aux hommes leur livrée perdue; d'autres (de Goethe à Renan) ne les invitent à s'en défaire que pour les engoncer aussitôt dans un uniforme : à quoi sert-il, en effet, de révoquer la Tradition, si c'est pour imposer, à la place, l'autorité indiscutée de la Culture? Entre un Barrès qui parque les individus dans leur spécificité, et un Benda qui leur prescrit, d'où qu'ils viennent, le même parcours canonique, rituellement ponctué de stations obligatoires – où est le progrès? L'antiracisme postmoderne démode à la fois Benda, Barrès et Lévi-Strauss et leur oppose à tous trois ce *nouveau modèle idéal : l'individu multi-culturel.* « La notion d'identité est devenue d'une plus grande complexité. Nos racines sont plongées chez Montaigne étudié à l'école, Mourousi et la télévision, Touré Kunda, le reggae, Renaud et Lavilliers. Nous ne nous posons pas la question de savoir si nous avons perdu nos références culturelles car nous en avons plusieurs et nous avons en commun la chance de vivre dans un pays qui est un carrefour et où la liberté d'opinion et de conscience est respectée. La réalité de nos références est un métissage culturel [1]... »

Vous voilà prévenus : si vous estimez que la confusion mentale n'a jamais protégé personne de la xénophobie; si vous vous entêtez à maintenir une hiérarchie sévère des valeurs; si vous réagissez avec intransigeance au triomphe de l'indistinction; s'il vous est impossible de couvrir de la même étiquette

1. Harlem Désir, in Espaces 89, *L'identité française,* Éditions Tierce, 1985, p. 120. Harlem Désir est le président de l'organisation S.O.S. Racisme, apparue en France en 1984.

culturelle l'auteur des *Essais* et un empereur de la télévision, une méditation conçue pour éveiller l'esprit et un spectacle fait pour l'abrutir; si vous ne voulez pas, quand bien même l'un serait blanc et l'autre noir, mettre un signe d'égalité entre Beethoven et Bob Marley, c'est que vous appartenez – indéfectiblement – au camp des salauds et des peine-à-jouir. Vous êtes un militant de l'ordre moral et votre attitude est trois fois criminelle : puritain, vous vous interdisez tous les plaisirs de l'existence; despotique, vous fulminez contre ceux qui, ayant rompu avec votre morale du menu unique, ont choisi de vivre à la carte, et vous n'avez qu'un désir : freiner la marche de l'humanité vers l'autonomie; enfin, vous partagez avec les racistes la phobie du mélange et la pratique de la discrimination : au lieu de l'encourager, vous résistez au métissage [1].

1. Ce chantage a joué à plein lors des grandes manifestations d'étudiants qui se sont déroulées en novembre 1986 à Paris. Un éditorialiste n'ayant pas craint d'affirmer que les étudiants étaient atteints de «SIDA mental», Jack Lang, l'ancien ministre des Affaires culturelles, très populaire dans la jeunesse, lui a rétorqué : «C'est donc cela la culture Chirac-Hersant : le mépris des jeunes, la haine de la musique, du rock, de Coluche et de Renaud.» Coluche et Renaud font-ils partie de la culture ? La musique, le rock, est-ce la même chose ? Le rock est-il la forme moderne de la musique ou sa régression dans le simplisme absolu d'un rythme universel ? Impossible désormais de poser ces questions et de critiquer *en même temps* les violences policières ou le délire métaphorique d'un doctrinaire aux abois. Entre le rock et la répression, il faut choisir son camp. Naguère, l'esprit défendait ses droits contre l'apologie fasciste de la force brute; aujourd'hui il est empêché de le faire, au nom de l'antifascisme.

Que veut la pensée postmoderne? La même chose que les Lumières : rendre l'homme indépendant, le traiter en grande personne, bref, pour parler comme Kant, le sortir de la condition de minorité dont il est lui-même responsable. A cette nuance près que la culture n'est plus considérée comme l'instrument de l'émancipation, mais comme l'une des instances tutélaires qui lui font obstacle. Dans cette optique, les individus auront accompli un pas décisif vers leur majorité, le jour où la pensée cessera d'être une valeur suprême et deviendra aussi facultative (et aussi légitime) que le tiercé ou le rock'n'roll : pour entrer effectivement dans l'ère de l'autonomie, il nous faut transformer en *options* toutes les *obligations* de l'âge autoritaire.

L'élitisme reste l'ennemi, mais la signification du mot s'est subrepticement inversée. En disant : « Il faut faire pour la culture ce que Jules Ferry a fait pour l'instruction », André Malraux s'inscrivait explicitement dans la tradition des Lumières et voulait généraliser la connaissance des grandes œuvres humaines; aujourd'hui, les livres de Flaubert rejoignent, dans la sphère pacifiée du loisir, les romans, les séries télévisées et les films à l'eau de rose dont s'enivrent les incarnations contemporaines d'Emma Bovary, et ce qui est élitiste (donc intolérable) ce n'est pas de refuser la culture au peuple, c'est de refuser le label culturel à quelque

156

distraction que ce soit. Nous vivons à l'heure des *feelings* : il n'y a plus ni vérité ni mensonge, ni stéréotype ni invention, ni beauté ni laideur, mais une palette infinie de plaisirs, différents et égaux. La démocratie qui impliquait l'accès de tous à la culture se définit désormais par le droit de chacun à la culture de son choix (ou à nommer culture sa pulsion du moment).

« Laissez-moi faire de moi ce que je veux[1] » : aucune autorité transcendante, historique ou simplement majoritaire ne peut infléchir les préférences du sujet post-moderne ou régenter ses comportements. Muni d'une télécommande dans la vie comme devant son poste de télévision, il compose son programme, l'esprit serein, sans plus se laisser intimider par les hiérarchies traditionnelles. Libre au sens où Nietzsche dit que ne plus rougir de soi est la marque de la liberté réalisée, il peut *lâcher tout* et s'abandonner avec délices à l'immédiateté de ses passions élémentaires. Rimbaud ou Renaud, Lévinas ou Lavilliers – sa sélection est automatiquement culturelle.

La non-pensée, bien sûr, a toujours coexisté avec la vie de l'esprit, mais c'est la première fois dans l'histoire européenne, qu'elle habite le même vocable, qu'elle jouit du même statut, et que sont traités

---

1. André Bercoff, *Manuel d'instruction civique pour temps ingouvernables*, Grasset, 1985, p. 86 et passim.

de racistes ou de réactionnaires, ceux qui, au nom de la « haute » culture, osent encore l'appeler par son nom.

Soyons clair : cette dissolution de la culture dans le tout culturel ne met fin ni à la pensée ni à l'art. Il ne faut pas céder au lamento nostalgique sur l'âge d'or où les chefs-d'œuvre se ramassaient à la pelle. Vieux comme le ressentiment, ce poncif accompagne, depuis ses origines, la vie spirituelle de l'humanité. Le problème auquel nous sommes, depuis peu, confrontés est différent, et plus grave : les œuvres existent, mais la frontière entre la culture et le divertissement s'étant estompée, il n'y a plus de lieu pour les accueillir et pour leur donner sens. Elles flottent donc absurdement dans un espace sans coordonnées ni repères. Quand la haine de la culture devient elle-même culturelle, la vie avec la pensée perd toute signification.

C'est lorsqu'il entendit parler pour la première fois d'un cheval de course *génial* qu'Ulrich, l'homme sans qualités de Musil, renonça définitivement à ses ambitions. Il était alors (1913) un scientifique prometteur, un jeune espoir de la république des esprits. Mais à quoi bon s'obstiner ? « Dans sa jeunesse encasernée, Ulrich n'avait guère entendu parler que de femmes et de chevaux, il avait échappé à tout cela pour devenir un grand homme, et voilà qu'au moment même où, après des efforts divers, il eût peut-être pu se sentir proche du but de ses aspirations, le cheval qui l'y avait précédé, de là-bas le saluait [1]... »

Moins radical que son héros, Musil a écrit les deux premiers volumes de *L'homme sans qualités*. Il semble aujourd'hui récompensé de cette persévérance. Personne, en effet, ne conteste plus son génie : mort ignoré, il a sa place dans les expositions, dans les rééditions, dans les études universitaires qui attestent la fascination du public contemporain pour les dernières années de l'Empire austro-hongrois. Mais – ironie de l'histoire – le pessimisme d'Ulrich est ratifié par la forme même que prend la commémoration de son créateur. Comme l'a remarqué Guy Scarpetta, la mode viennoise, en cette fin du XXᵉ siècle, est caractérisée par « une sorte de nivellement, d'écrasement des noms propres les uns sous les autres – une façon de présenter " Vienne " comme un bloc homogène [2] ». Du kitsch ornemental aux rouflaquettes de l'Empereur, tout dans la Cacanie de François-Joseph est objet de vénération. Un culte indiscriminé célèbre *L'homme sans qualités* et les valses de Strauss. Nous aimons dans Vienne l'image anticipée de notre propre confusion, et c'est l'esprit nouveau dénoncé par Musil qui, après avoir triomphé, lui rend un solennel hommage.

1. Musil, *L'homme sans qualités*, I, Seuil, 1979, p. 51.
2. Guy Scarpetta, « Esquisses viennoises », in *Lettre internationale*, no 8, 1986, p. 59.

Il n'y a plus de poètes maudits. Allergique à toute forme d'exclusion, la conception prévalente de la culture valorise aussi bien Shakespeare et Musil que la paire de bottes sublime et le cheval de course génial.

SA MAJESTÉ LE CONSOMMATEUR

Ne pas croire, pourtant, que les qualités qui font si cruellement défaut dans le monde d'aujourd'hui, brillaient, dans celui d'hier, d'un éclat sans nuages. Sans doute eût-il été inconcevable pour le bourgeois du XIXe siècle de s'extasier devant une paire de bottes ou d'appliquer le qualificatif « génial » à un cheval de compétition. Mais ce qui inspirait un tel refus, c'était l'utilitarisme et non l'humanisme, la méfiance déclarée à l'égard de toute forme d'oisiveté et non l'attachement éclairé aux valeurs de la culture. « Souviens-toi que le temps, c'est de l'argent! » : avec ce précepte comme Table de la Loi et l'entendement planificateur comme modalité exclusive de la raison, le bourgeois ne faisait pas le détail : il condamnait pour gaspillage et frivolité les préoccupations artistiques aussi bien que distractives ou vestimentaires. Envisageant le monde dans une perspective purement *technique,* il n'admettait

que les réalisations pratiques et les savoirs opéra-
tionnels. Et tout le reste – tout ce qui n'était pas
fonctionnel, comptable, exploitable – était littérature. Bref, c'est la raison instrumentale ou, pour
parler comme Heidegger, « la pensée calculante »
qui a fait entrer la pensée méditante (ce que nous
appelons ici : culture) dans la sphère du divertissement : « La technique comme forme suprême de la
conscience rationnelle [...] et l'absence de méditation comme incapacité organisée, impénétrable à
elle-même d'accéder à un rapport avec " ce qui
mérite qu'on interroge " sont solidaires l'une de
l'autre : elles sont une seule et même chose [1]. »

De grands bouleversements sont intervenus
depuis : soumis autrefois à un contrôle rigoureux,
les besoins font maintenant l'objet d'une sollicitude
incessante, le vice est devenu valeur, la publicité a
remplacé l'ascèse et l'esprit du capitalisme intègre
maintenant dans sa définition toutes les jouissances
spontanées de la vie qu'il pourchassait implacablement au moment de sa naissance. Mais aussi
spectaculaire qu'elle soit, cette révolution des mentalités dissimule une fidélité profonde à l'héritage
du puritanisme. En disant à la fois : « Enrichissez-
vous ! » et « Amusez-vous ! », en rentabilisant le
temps libre au lieu de le réprimer, l'hédonisme

1. Heidegger, « Dépassement de la métaphysique », in *Essais et
conférences,* Gallimard, coll. Tel, 1980, p. 100.

contemporain retourne la raison bourgeoise contre le bourgeois : la pensée calculante surmonte ses anciennes exclusives, découvre l'utilité de l'inutile, investit méthodiquement le monde des appétits et des plaisirs, et, après avoir ravalé la culture au rang des dépenses improductives, élève maintenant toute distraction à la dignité culturelle : nulle valeur transcendante ne doit pouvoir freiner ou même conditionner l'exploitation des loisirs et le développement de la consommation.

Mais – et cette différence fait la supériorité relative du monde d'hier – les hommes de culture combattaient sous le nom de bêtise la tyrannie de la pensée calculante, tandis que son extension postmoderne ne suscite pratiquement pas de protestations. L'Artiste était en guerre contre le Philistin ; de peur de tomber dans l'élitisme et de manquer ainsi aux principes élémentaires de la démocratie, l'intellectuel contemporain s'incline devant la volonté de puissance du show-business, de la mode ou de la publicité, et la transformation extrêmement rapide des ministres des Affaires culturelles en gestionnaires du délassement ne suscite, de sa part, aucune réaction.

Pensant au cinéma américain, Hannah Arendt écrivait dès les années cinquante : « Bien des grands auteurs du passé ont survécu des siècles d'oubli et d'abandon, mais c'est encore une question pendante de savoir s'ils seront capables de survivre à une

version divertissante de ce qu'ils ont à dire[1]. »
Moins de trente ans après, ce n'est plus seulement
Hollywood qui édulcore *Le docteur Jivago,* ce sont
les metteurs en scène d'avant-garde qui introduisent
au théâtre l'esthétique du music-hall ou celle de la
télévision, et nul, ou presque, ne s'émeut. Les
intellectuels ne se sentent plus concernés par la
survie de la culture. Nouvelle trahison des clercs ?
L'industrie culturelle ne rencontre aucune résistance, en tout cas, lorsqu'elle investit la culture et
qu'elle revendique pour elle-même tous les presti-
ges de la création.

Il est vrai qu'on ne peut pas se battre sur tous les
fronts à la fois, et que les clercs actuels se sont fixé
pour objectif prioritaire la rupture avec « le maso-
chisme moralisateur[2] » des générations précéden-
tes : sortant de Marx par Tocqueville, ils montrent
que la démocratie n'est pas le masque de la lutte des
classes et de l'exploitation, mais qu'elle constitue,
au contraire, la grande mutation anthropologique
des sociétés modernes. A la différence de toutes les
autres figures répertoriées de l'humain, l'homme
démocratique se conçoit lui-même comme un être
indépendant, comme un atome social : séparé à la
fois de ses ancêtres, de ses contemporains, et de ses

---

1. Hannah Arendt, *La crise de la culture,* Gallimard, coll. Idées,
1973, p. 266.
2. Octavio Paz, *Rire et pénitence, op. cit.,* p. 93.

descendants, il se préoccupe, en premier lieu, de pourvoir à ses besoins privés et il se veut l'égal de tous les autres hommes. Au lieu de calomnier cet homme précaire, ajoutent en substance les néotocquevilliens, il faut le défendre contre ses ennemis et contre cette part de lui-même qui rêve d'un retour « au bon vieux temps où tout le monde pensait pareil, où la place de chacun était claire en même temps que son appartenance à la collectivité lui était tangible, où la convergence des intérêts, la complémentarité sans concurrence des différents agents, la tension sans heurts de tous et de tout vers un but unique et manifeste formaient la trame solide de l'existence communautaire [1] ». Les régimes totalitaires témoignent de ce qui arrive à l'homme démocratique lorsqu'il succombe à cette nostalgie.

Une telle réhabilitation de l'individualisme occidental mériterait d'être applaudie sans réserve, si, dans sa rage antidépréciative, elle ne confondait l'égoïsme (ou, pour employer une périphrase dénuée de toute connotation morale : la poursuite par chacun de ses intérêts privés) avec l'autonomie.

Mais le fait, pour l'individu, de rompre les liens qui l'attachaient aux anciennes structures commu-

1. Marcel Gauchet, *Tocqueville, l'Amérique et nous, op. cit.,* p. 71.

nautaires (corporations, Églises, castes ou rangs) et de vaquer sans entrave à ses affaires, ne le rend pas *ipso facto* apte à s'orienter dans le monde. Il peut se retrancher de la société sans être pour autant indemne des préjugés qu'elle véhicule. La limitation de l'autorité ne garantit pas l'autonomie du jugement et de la volonté; la disparition des contraintes sociales héritées du passé ne suffit pas à assurer la liberté de l'esprit : il y faut encore ce qu'au XVIIIᵉ siècle on appelait les Lumières : « Tant qu'il y aura des hommes qui n'obéissent pas à leur raison seule, qui recevront leurs opinions d'une opinion étrangère, en vain toutes les chaînes auraient été brisées [1]. »

Aussi les philosophes militaient-ils *d'un même souffle* pour étendre la culture à tout le monde et pour soustraire la sphère individuelle au pouvoir de l'État ou à l'emprise de la collectivité. Ils voulaient que les hommes soient simultanément libres de réaliser leurs intérêts particuliers et capables de porter leur réflexion au-delà de cet étroit domaine.

On le voit aujourd'hui, ils ont gagné la moitié de leur combat : le despotisme a été vaincu, mais pas l'obscurantisme. Les traditions sont sans pouvoir,

1. Condorcet, *Rapport et projet de décret pour l'organisation générale de l'Instruction publique*, avril 1792, cité in Bronislaw Baczko, *Une éducation pour la démocratie (Textes de l'époque révolutionnaire)*, Garnier, 1982.

mais la culture aussi. Certes, les individus ne sont pas privés de connaissances : on peut dire, à l'inverse, qu'en Occident et pour la première fois dans l'histoire, le patrimoine spirituel de l'humanité est intégralement et immédiatement disponible. L'entreprise artisanale des Encyclopédistes ayant été relayée par les livres de poche, les vidéocassettes et les banques de données, il n'existe plus d'obstacle matériel à la diffusion des Lumières. Or, au moment même où la technique, par télévision et par ordinateurs interposés, semble pouvoir faire entrer tous les savoirs dans tous les foyers, la logique de la consommation détruit la culture. Le mot demeure mais vidé de toute idée de formation, d'ouverture au monde et de soin de l'âme. C'est désormais le principe de plaisir – forme postmoderne de l'intérêt particulier – qui régit la vie spirituelle. Il ne s'agit plus de constituer les hommes en sujets autonomes, il s'agit de satisfaire leurs envies immédiates, de les divertir au moindre coût. Conglomérat désinvolte de besoins passagers et aléatoires, l'individu postmoderne a oublié que la liberté était autre chose que le pouvoir de changer de chaîne, et la culture elle-même davantage qu'une pulsion assouvie.

Et les observateurs les plus lucides et les plus désenchantés de l'esprit du temps ne s'en souviennent pas davantage. Ils ont beau parler d' « ère du vide », ils voient, malgré tout, dans cette nouvelle attitude une avancée importante, sinon même la phase ultime de la démocratie. Ils peuvent bien décrire en termes ironiques l' « âge kaléidoscopique du supermarché et du libre-service [1] », ils ne conçoivent pas d'autre solution à ce rapport au monde que l'ordre disciplinaire et la rigueur des conventions. La régression douce, estiment-ils, vaut mieux que la répression dure. Plus même, elle lui fait obstacle : « Inutile d'être désespéré, l' " affaiblissement de la volonté " n'est pas catastrophique, ne prépare pas à une humanité soumise et aliénée, n'annonce en rien la montée du totalitarisme : l'apathie désinvolte représente bien davantage un rempart contre les sursauts de religiosité historique et les grands desseins paranoïaques [2]. »

Naguère aveugle *au* totalitarisme, la pensée est maintenant aveuglée *par* lui. Les crimes de l'Occident colonisateur ont longtemps occulté les monstruosités commises au nom de la révolution ; c'est désormais *Big Brother* qui sert d'alibi et de fairevaloir à la disparition de la culture en Occident. La hantise de 1984 fait de nous les *Pangloss de la société de consommation* : l'intrusion violente du pouvoir dans la vie privée justifie par contraste l'agression souriante de la musique d'ambiance et de la publicité ; l'embrigadement forcé des masses donne aux

---

1. Gilles Lipovetsky, *L'ère du vide,* Gallimard, 1983, p. 133.
2. *Ibid.,* p. 64.

dilemmes de l'individu capté par tout et rien dans le Disneyland de la culture, la forme d'un exercice souverain de l'autonomie et l'univers de la télécommande nous apparaît ainsi comme le meilleur des mondes possibles [1].

« UNE SOCIÉTÉ ENFIN DEVENUE ADOLESCENTE »

La liberté est impossible à l'ignorant. Ainsi, du moins, pensaient les philosophes des Lumières. On ne naît pas individu, disaient-ils, on le devient, en surmontant le désordre des appétits, l'étroitesse de l'intérêt particulier, et la tyrannie des idées reçues.

1. Même si l'on reste sur le terrain strictement politique, la célébration de ce monde est naïve. Décrispé, « cool », foncièrement allergique à tous les projets totalitaires, le sujet postmoderne n'est pas non plus disposé à les combattre. La défense de la démocratie ne le mobilise pas davantage que la subversion de ses valeurs. Il a suffi qu'un terroriste français emprisonné menace des « rigueurs de la justice prolétarienne » les jurés de son procès, pour qu'aussitôt la majorité de ceux-ci se fassent porter pâles, bloquant ainsi le fonctionnement de l'État de droit. Ne nous réjouissons pas trop vite, par conséquent : l'indifférence désinvolte aux grandes causes a pour contrepartie l'abdication devant la force, et le fanatisme qui disparaît des sociétés occidentales risque bien de céder la place à une autre maladie de la volonté, guère moins inquiétante : l'esprit de collaboration.

Dans la logique de la consommation, au contraire, la liberté et la culture se définissent par la satisfaction des besoins, et ne peuvent donc résulter d'une ascèse. Que l'homme doive, pour être un sujet à part entière, rompre avec l'immédiateté de l'instinct et de la tradition, *cette idée disparaît des vocables mêmes qui en étaient porteurs.* D'où la crise actuelle de l'éducation. L'école, au sens moderne, est née des Lumières, et meurt aujourd'hui de leur remise en cause. Un abîme s'est creusé entre la morale commune et ce lieu régi par l'idée bizarre qu'il n'y a pas d'autonomie sans pensée, et pas de pensée sans travail sur soi-même. L'activité mentale de la société s'élabore « dans une zone neutre d'éclectisme individuel [1] » partout, sauf entre les quatre murs des établissements scolaires. L'école est l'ultime exception au self-service généralisé. Le malentendu qui sépare cette institution de ses utilisateurs va donc en s'accroissant : l'école est moderne, les élèves sont postmodernes ; elle a pour objet de former les esprits, ils lui opposent l'attention flottante du jeune téléspectateur ; elle tend, selon Condorcet, à « effacer la limite entre la portion grossière et la portion éclairée du genre humain » ; ils retraduisent cette visée émancipatrice en programme

1. George Steiner, *Dans le château de Barbe-Bleue (Notes pour une redéfinition de la culture),* Gallimard, coll. Folio/Essais, 1986, p. 95.

archaïque d'assujettissement et confondent dans un même rejet de l'autorité, la discipline et la transmission, le maître qui instruit et le maître qui domine.

Comment résoudre cette contradiction? « En postmodernisant l'école », affirment, en substance, les gestionnaires aussi bien que les réformateurs. Ceux-ci cherchent les moyens de rapprocher la formation de la consommation, et, dans certaines écoles américaines, vont même jusqu'à empaqueter la grammaire, l'histoire, les mathématiques et toutes les matières fondamentales dans une musique rock que les élèves écoutent, un walkman sur les oreilles [1]. Ceux-là préconisent, plus sagement, l'introduction massive des ordinateurs dans les salles de classe afin d'adapter les lycéens au sérieux de la technique sans les contraindre, pour autant, à quitter le monde ludique de l'enfance. Du train électrique à l'informatique, de l'amusement à l'intelligence, le progrès doit se faire en douceur, et, si possible, à l'insu même de ses bénéficiaires. Il importe peu que l'intelligence ainsi développée par le jeu avec la machine soit de l'ordre de la manipulation et non de la pensée : entre des savoir-faire de plus en plus performants et une consommation de plus en plus variée, la forme de discernement

1. Voir Neil Postman, *Se distraire à en mourir,* Flammarion, 1986, p. 129.

qu'il faut pour penser le monde, n'a pas d'usage ni même, on l'a vu, de mot pour se dire, celui de culture lui ayant été définitivement confisqué.

Mais ce simple ajustement des méthodes et des programmes ne suffit pas encore à réconcilier complètement l'école avec la « vie ». Au terme d'une longue et minutieuse enquête sur le malaise scolaire, deux sociologues français écrivent : « Si une culture, c'est un ensemble de comportements, de techniques, de coutumes, de valeurs qui établissent la carte d'identité d'un groupe, la musique, pour une bonne part, fonde la culture des jeunes. Malheureusement, cette musique-là, rock, pop, variétés, est considérée par la société adulte et l'enseignement, en particulier, comme une sous-musique. Les programmes scolaires, la formation des professeurs de musique respectent une hiérarchie qui place les œuvres au pinacle. Nous ne discuterons pas ce point, même s'il y a fausse note : le décalage entre l'éducation transmise et le goût des élèves est, là, particulièrement prononcé [1]. »

Jouer juste, pour l'école, ce serait donc abolir ce décalage au profit des prédilections adolescentes, *enseigner la jeunesse aux jeunes* au lieu de se cramponner avec une obstination sénile à des hiérarchies périmées, et chasser Mozart des program-

---

1. Hamon-Rotman, *Tant qu'il y aura des profs,* Seuil, 1984, p. 311.

mes pour mettre à sa place ce rocker impétueux : Amadeus – Wolfie, pour sa femme, rencontrée par un bel après-midi d'été indien sur un campus de Vienne, Massachusetts.

Les Jeunes : ce peuple est d'apparition récente. Avant l'école, il n'existait pas : l'apprentissage traditionnel n'avait pas besoin pour se transmettre de séparer ses destinataires du reste du monde pendant plusieurs années, et ne faisait donc aucune place à cette longue période transitoire que nous appelons l'adolescence. Avec la scolarisation de masse, l'adolescence elle-même a cessé d'être un privilège bourgeois pour devenir une condition universelle. Et un mode de vie : abrités de l'influence parentale par l'institution scolaire, et de l'ascendant des professeurs par « le groupe des pairs », les jeunes ont pu édifier un monde à eux, miroir inversé des valeurs environnantes. Décontraction du jean contre conventions vestimentaires, bande dessinée contre littérature, musique rock contre expression verbale, la « culture jeune », cette anti-école, affirme sa force et son autonomie depuis les années soixante, c'est-à-dire depuis la démocratisation massive de l'enseignement : « Comme tout groupe intégré (celui des Noirs américains par exemple), le mouvement adolescent demeure un continent en partie immergé, en partie défendu et incompréhensible à tout autre que lui. On en veut pour preuve et pour illustration le système de communication très parti-

172

culier, très autonome et très largement souterrain, véhiculé par la culture rock pour qui le *feeling* l'emporte sur les mots, la sensation sur les abstractions du langage, le climat sur les significations brutes et d'un abord rationnel, toutes valeurs étrangères aux critères traditionnels de la communication occidentale et qui tirent un rideau opaque, dressent une défense impénétrable aux tentatives plus ou moins intéressées des adultes. Que l'on écoute ou que l'on joue, en effet, il s'agit de se sentir « cool » ou bien de s'éclater. *Les guitares sont plus douées d'expression que les mots, qui sont vieux (ils ont une histoire),* et dont il y a lieu de se méfier [1]... »

Voilà, au moins, qui est clair : fondée sur les mots, la culture au sens classique a le double inconvénient de *vieillir* les individus en les dotant d'une mémoire qui excède celle de leur propre biographie, et de les *isoler,* en les condamnant à dire « Je », c'est-à-dire à exister en tant que personnes distinctes. Par la destruction du langage, la musique rock conjure cette double malédiction : les guitares abolissent la mémoire ; la chaleur fusionnelle remplace la conversation, cette mise en rapport des êtres séparés ; extatiquement, le « je » se dissout dans le Jeune.

1. Paul Yonnet, *Jeux, modes et masses,* Gallimard, 1985, pp. 185-186. (Je souligne.)

Cette régression serait parfaitement inoffensive, si le Jeune n'était maintenant partout : il a suffi de deux décennies pour que la dissidence envahisse la norme, pour que l'autonomie se transforme en hégémonie et que le style de vie adolescent montre la voie à l'ensemble de la société. La mode est jeune ; le cinéma et la publicité s'adressent prioritairement au public des quinze-vingt ans ; les mille radios libres chantent, presque toutes sur le même air de guitare, le bonheur d'en finir avec la conversation. Et la chasse au vieillissement est ouverte : tandis qu'il y a moins d'un siècle, dans ce monde de la sécurité si bien décrit par Stefan Zweig, « celui qui voulait s'élever était obligé d'avoir recours à tous les déguisements possibles pour paraître plus vieux qu'il n'était », « les journaux recommandaient des produits pour hâter la croissance de la barbe », et les jeunes médecins frais émoulus de la Faculté tâchaient d'acquérir un léger embonpoint et « chargeaient leurs nez de lunettes à montures d'or, même si leur vue était parfaite, et cela tout simplement pour donner à leurs patients l'impression qu'ils avaient de l' " expérience " [1] », – de nos jours, la jeunesse constitue l'impératif catégorique de toutes les générations. Une névrose chassant l'autre, les quadragénaires sont des « teenagers » prolongés ;

1. Stefan Zweig, *Le monde d'hier (Souvenirs d'un Européen),* Belfond, 1982, p. 54.

quant aux Anciens, ils ne sont pas honorés en raison de leur sagesse (comme dans les sociétés tradition-nelles), de leur sérieux (comme dans les sociétés bourgeoises) ou de leur fragilité (comme dans les sociétés civilisées), mais si et seulement si ils ont su rester juvéniles d'esprit et de corps. En un mot, ce ne sont plus les adolescents qui, pour échapper au monde, se réfugient dans leur identité collective, c'est le monde qui court éperdument après l'adoles-cence. Et ce renversement constitue, comme le remarque Fellini avec une certaine stupeur, la grande révolution culturelle de l'époque postmo-derne : « Je me demande ce qui a bien pu se passer à un moment donné, quelle espèce de maléfice a pu frapper notre génération pour que, soudainement, on ait commencé à regarder les jeunes comme les messagers de je ne sais quelle vérité absolue. Les Jeunes, les jeunes, les jeunes... On eût dit qu'ils venaient d'arriver dans leurs navires spatiaux [...] Seul un délire collectif peut nous avoir fait consi-dérer comme des maîtres dépositaires de toutes les vérités des garçons de quinze ans [1]. »

Qu'est-ce qui a bien pu se passer, en effet ? Aussi énigmatique soit-il, le délire dont parle Fellini n'a pas surgi du néant : le terrain était préparé et l'on peut dire que le long processus de conversion à l'hédonisme de la consommation engagé par les

1. *Fellini par Fellini*, Calmann-Lévy, 1984, p. 163.

sociétés occidentales, culmine aujourd'hui dans l'idolâtrie des valeurs juvéniles. Le Bourgeois est mort, vive l'Adolescent! L'un sacrifiait le plaisir de vivre à l'accumulation des richesses et mettait, selon la formule de Stefan Zweig, « l'apparence morale au-dessus de l'être humain »; témoignant d'une impatience égale devant les rigidités de l'ordre moral et les exigences de la pensée, le second veut, avant tout, s'amuser, se délasser, échapper dans le loisir aux rigueurs de l'école, et c'est pourquoi l'industrie culturelle trouve en lui la forme d'humanité la plus rigoureusement conforme à sa propre essence.

Ce qui ne veut pas dire que l'adolescence soit enfin devenue le plus bel âge de la vie. Autrefois niés en tant que peuple, les jeunes le sont aujourd'hui en tant qu'individus. La jeunesse est désormais un bloc, un monolithe, une quasi-espèce. On ne peut plus avoir vingt ans sans apparaître aussitôt comme le porte-parole de sa génération. « Nous, les jeunes... » : les copains attentifs et les parents attendris, les instituts de sondage et le monde de la consommation veillent *ensemble* à la perpétuation de ce conformisme et à ce que nul ne puisse jamais s'exclamer : « J'ai vingt ans, c'est mon âge, ce n'est pas mon être, et je ne laisserai personne m'enfermer dans cette détermination. »

Et les jeunes sont d'autant moins enclins à transcender leur groupe d'âge (leur « bio-classe », dirait Edgar Morin) que toutes les pratiques adultes entament, pour se mettre à leur portée, une cure de désintellectualisation : c'est vrai, on l'a vu, de l'Éducation, mais aussi de la Politique (qui voit les partis en compétition pour le pouvoir s'évertuer identiquement à « moderniser » leur look et leur message, tout en s'accusant mutuellement d'être « vieux dans leur tête »), du Journalisme (l'animateur d'un magazine télévisé français d'information et de loisir ne confiait-il pas récemment qu'il devait son succès aux « moins de quinze ans entourés de leur mère » et à leur attirance pour « nos rubriques chanson, pub, musique [1] » ?), de l'Art et de la Littérature (dont certains chefs-d'œuvre sont déjà disponibles, en France tout au moins, sous la forme « brève et artistique » du *clip culturel*), de la Morale (comme en témoignent les grands concerts humanitaires en mondiovision) et de la Religion (si l'on en juge par les voyages de Jean-Paul II).

Pour justifier ce rajeunissement général et ce triomphe du cucul sur la pensée, on invoque habituellement l'argument d'efficacité : en pleine période de quant-à-soi, de volets clos, de repli sur la sphère privée, l'alliance de la charité et du rock'n'roll réunit instantanément des sommes fabuleuses ; quant au pape, il déplace des foules immenses, au moment même où les meilleurs experts

1. Philippe Gildas, *Télérama,* no 1929, 31 décembre 1986.

?

N.B.

Nietzsche

diagnostiquent la mort de Dieu. A y regarder de
près pourtant, un tel pragmatisme se révèle totalement illusoire. Les grands concerts pour l'Éthiopie,
par exemple, ont subventionné la déportation des
populations qu'ils devaient aider à nourrir. C'est le
gouvernement éthiopien, on s'en doute, qui est
responsable de ce détournement de fonds. Il n'em-
pêche : le gâchis aurait pu être évité si les organi-
sateurs et les participants de cette grand-messe
mondiale avaient consenti à distraire leur attention
de la scène pour réfléchir, ne fût-ce que sommai-
rement, aux problèmes soulevés par l'interposition
d'une dictature entre les enfants qui chantent et qui
dansent, et les enfants affamés. Le succès que
rencontre Jean-Paul II, d'autre part, tient à sa
manière et non à la substance de ses propos : il
déchaînerait le même enthousiasme s'il autorisait
l'avortement ou s'il décidait que le célibat des
prêtres perdait, à partir de maintenant, tout caractère d'obligation. Son spectacle, comme celui des
autres super-stars, vide les têtes pour mieux en
mettre *plein la vue*, et ne véhicule aucun message,
mais les engloutit tous dans une grandiose profu-
sion de son et de lumière. Croyant ne céder à la
mode que sur la forme, il oublie, ou feint d'oublier,
que cette mode-là vise précisément l'anéantissement de la signification. Avec la culture, la religion
et la charité rock, ce n'est pas la jeunesse qui est
touchée par les grands discours, c'est l'univers du

178

discours lui-même qui est remplacé par celui des vibrations et de la danse.

Face au reste du monde, le peuple jeune ne défendait pas seulement des goûts et des valeurs spécifiques. Il mobilisait également, nous dit son grand thuriféraire, « d'autres aires cervicales que celles de l'expression langagière. Conflit de générations, mais aussi conflit d'hémisphères différenciés du cerveau (la reconnaissance non verbale contre la verbalisation), hémisphères longtemps aveugles, en l'occurence l'un à l'autre [1] ». La bataille a été rude, mais ce qu'on appelle aujourd'hui communication, l'atteste : l'hémisphère non verbal a fini par l'emporter, le clip a eu raison de la conversation, la société est « enfin devenue adolescente [2] ». Et, à défaut de savoir soulager les victimes de la famine, elle a trouvé, lors des concerts pour l'Éthiopie, son hymne international : *We are the world, we are the children.* Nous sommes le monde, nous sommes les enfants.

1. Paul Yonnet, « L'esthétique rock », *Le Débat,* no 40, Gallimard, 1986, p. 66.
2. *Ibid.,* p. 71.

Le Zombie et le Fanatique

La barbarie a donc fini par s'emparer de la culture. A l'ombre de ce grand mot, l'intolérance croît, en même temps que l'infantilisme. Quand ce n'est pas l'identité culturelle qui enferme l'individu dans son appartenance et qui, sous peine de haute trahison, lui refuse l'accès au doute, à l'ironie, à la raison – à tout ce qui pourrait le détacher de la matrice collective, c'est l'industrie du loisir, cette création de l'âge technique qui réduit les œuvres de l'esprit à l'état de pacotille (ou, comme on dit en Amérique, d'*entertainment*). Et la vie avec la pensée cède doucement la place au face-à-face terrible et dérisoire du fanatique et du zombie.

185

DU MÊME AUTEUR

Aux Éditions Gallimard

LA SAGESSE DE L'AMOUR.
LE MÉCONTEMPORAIN. PÉGUY, LECTEUR DU MONDE
  MODERNE.
LA MÉMOIRE VAINE.

Chez d'autres éditeurs

LE NOUVEAU DÉSORDRE AMOUREUX, en collaboration avec
  Pascal Bruckner, Le Seuil.
RALENTIR : MOTS-VALISES !, Le Seuil.
AU COIN DE LA RUE, L'AVENTURE, en collaboration avec Pascal
  Bruckner, Le Seuil.
LE JUIF IMAGINAIRE, Le Seuil.
LE PETIT FICTIONNAIRE ILLUSTRÉ, Le Seuil.
L'AVENIR D'UNE NÉGATION. RÉFLEXION SUR LA
  QUESTION DU GÉNOCIDE, Le Seuil.
LA RÉPROBATION D'ISRAËL, Denoël.

Composé par la Société Nouvelle Firmin-Didot
à Mesnil-sur-l'Estrée
et achevé d'imprimer par Brodard et Taupin
à La Flèche le 10 septembre 1996.
Dépôt légal : septembre 1996.
1ᵉʳ dépôt légal dans la même collection : janvier 1989.
Numéro d'imprimeur : 6455Q-5.

ISBN 2-07-032509-1 / Imprimé en France.

Primo Levi : romancier italien
1919-1987

Le Zeitgeist : l'esprit du temps
Le Wolkgeist : l'esprit de la nation

Contrat social : convention expresse
ou tacite qui selon J.J. Rousseau
est conclue entre chaque individu
et la communauté ; par l'adhésion
réfléchie de chaque individu.

79352